あの子の発達障害がわかる本

5

知ってほしい 発達障害とこころのふしぎ

田中 哲＝監修

ミネルヴァ書房

はじめに

「こころ」も「体」と同じように、少しずつ変化し、大人になっていきます。そのスピードは人によってバラバラ。変化のしかたも、一人ひとりちがいます。子どもたちは、時には悩んだり、迷ったりしつつ、「わたしはこういうタイプかな」「ぼくはこんな大人になりたい」などと想像《そうぞう》しながら、「自分」のイメージをつくりあげていくのです。

けれども、発達障害《はったつしょうがい》の子は、生まれつきの特性が強いため、大人にむかう途中《とちゅう》で「みんなと同じことができない」「自分だけ人とちがう」「思ったようにいかない」など、一人では解決《かいけつ》できない大きな悩みをかかえてしまいがちです。また、未来を想像するのが苦手なので、「大人になるのがこわい」と不安になってしまったり、気持ちを切り替えることができず「どうしよう」と四《し》六時中《ろくじちゅう》くよくよ考えたり、深い沼にはまり抜け出せなくなってしまうこともあります。

中には学校に行くのもつらくなり、どんどんひきこもりがちになってしまう人もいます。一方《いっぽう》、うまくいかないことにイライラしてまわりに暴言・暴力をくりかえしたり、自暴自棄《じぼうじき》になってしまったり、自分を傷《きず》つけてしまう子もいます。どちらも、こころの調子がくずれてしまったことが原因《げんいん》で、放《ほう》っておくと病気になってしまいます。

発達障害の子が、なぜこころの調子をくずしてしまうのか、知ってほしくてこの本をつくりました。つらい気持ちを想像しながら、「どうすればよいのか」いっしょに考えられるといいですね。そうすれば、こころの重荷《おもに》を軽くすることができ、病気を防ぐことができるはずです。

ぜひ、「あの子に似ているな」「わたしだったらこう思うかも」と、想像力をふくらませながら読んでみてください。

【もくじ】

第1章 なんでこうなるの？ どうすればいい？

第2章　もっと知りたい！　みんなで楽しくすごすために

《この本の構成》

第1章 なんでこうなるの？ どうすればいい？

こころの調子が悪いときには、どんなサインがみられるのでしょうか。
6人のおともだちのいつもとちがう行動について紹介《しょうかい》する章です。

さいしょのページ

クラスのみんなが
「ふしぎだな」「何でそうなるの？」
と、とまどってしまう場面《ばめん》を、
紹介しています。

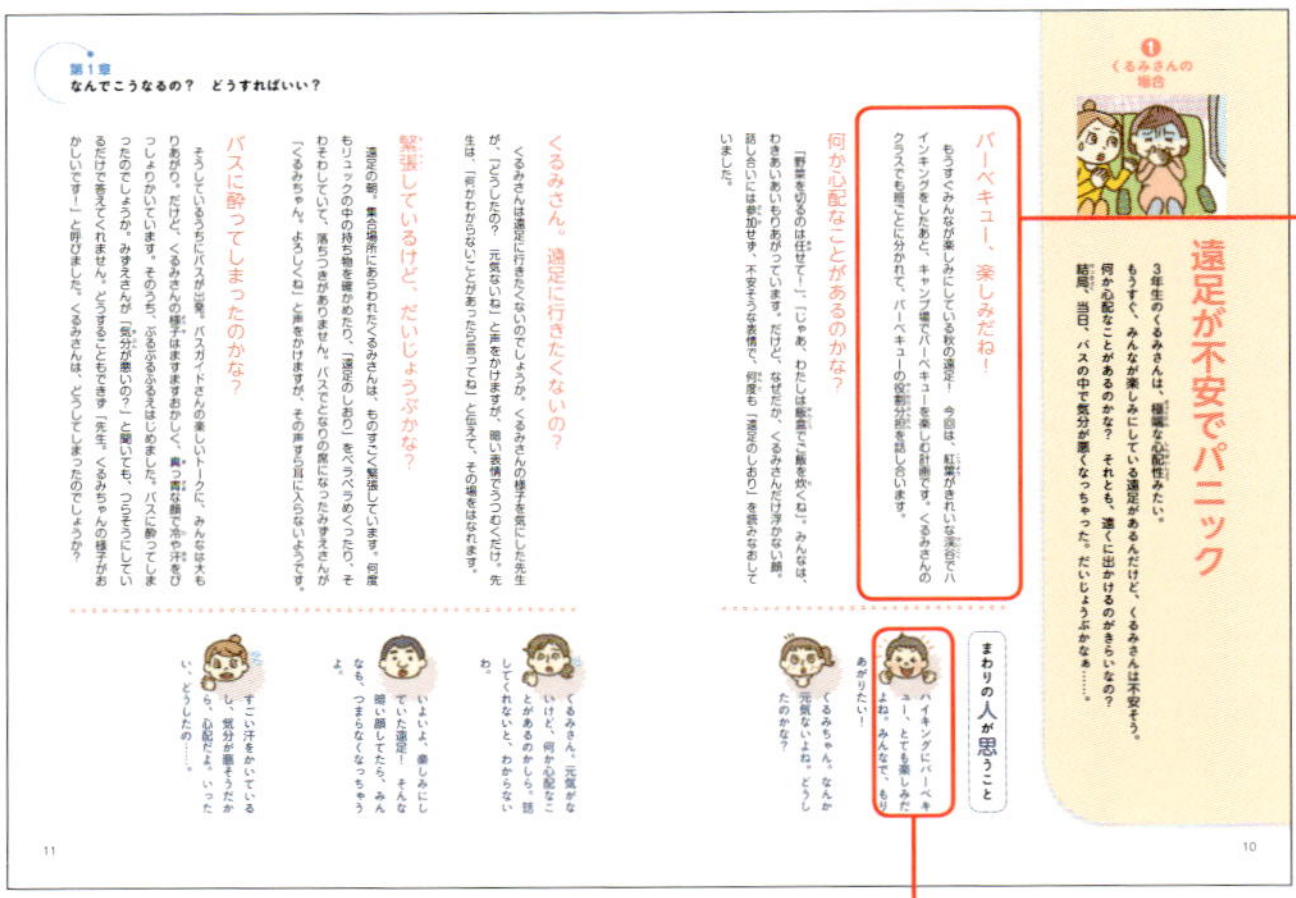

よくあるエピソードを紹介しています。

その場にいた、みんなの感想《かんそう》です。

つぎのページ

どうしてそうなってしまったのか、
その子がどんなふうに
感じていたのか、
本人の視点で解説《かいせつ》します。

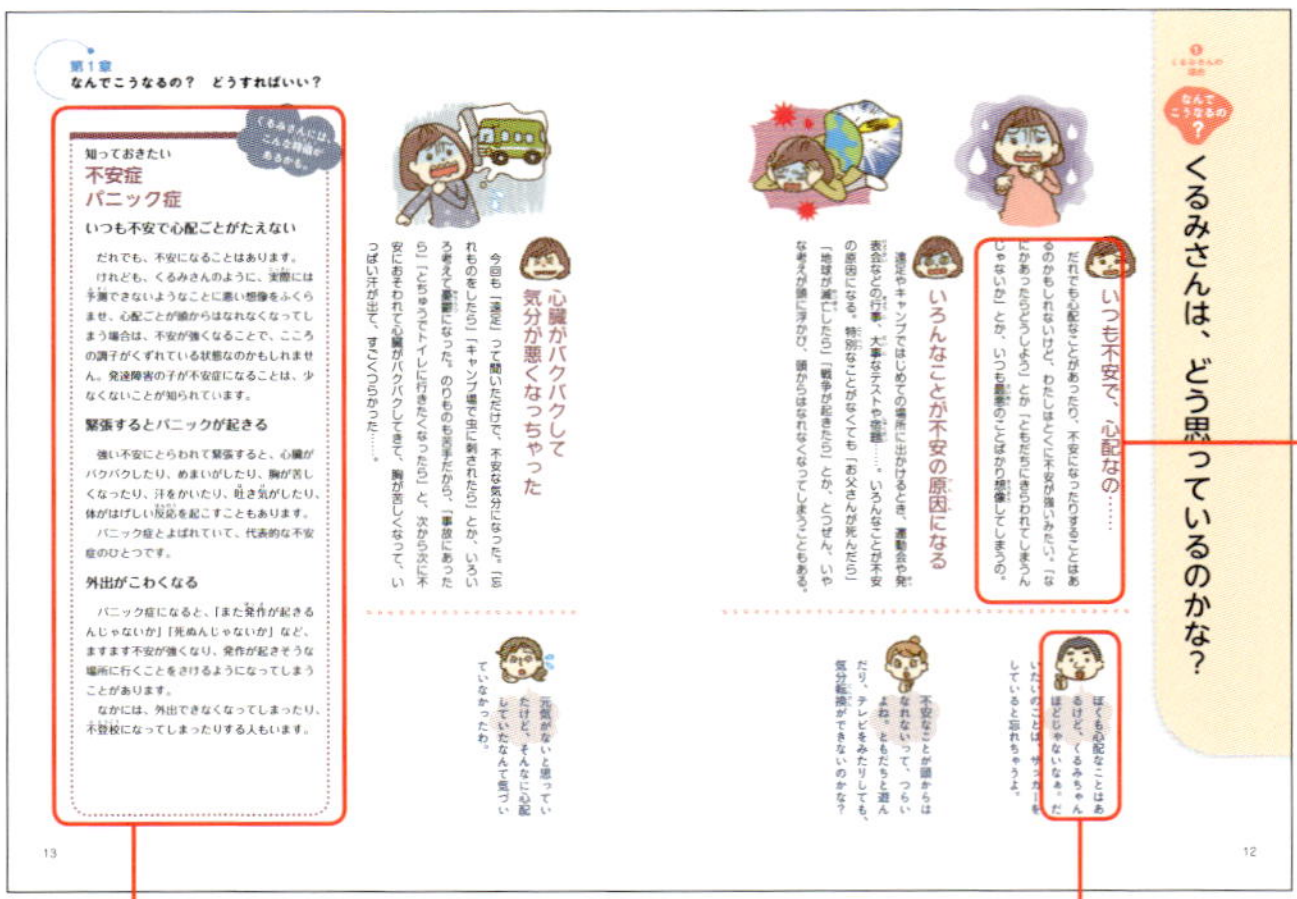

本人のこころの声をあらわしています。

考えられる「こころの病気」の症状《しょうじょう》について、解説します。

いつもとちがう行動の理由《りゆう》を知って、みんなが感じたことです。

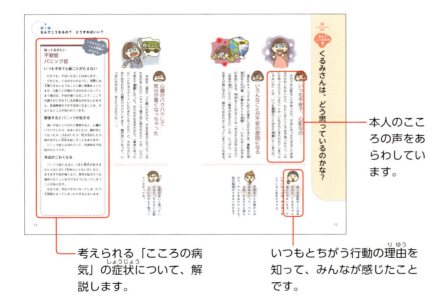

さいごのページ

こころの不調の原因《げんいん》となるストレスを減らすために、どんな工夫《くふう》ができるのかを考えてみます。

不調のサインをふまえ、うまくいきそうな方法を紹介しています。

本人の感想を言《こと》葉《ば》にあらわしています。

楽しく学校生活を送るためにとくにおさえておきたい大切《たいせつ》なポイントをおさらいしています。

第2章 もっと知りたい！ みんなで楽しくすごすために

この章では、こころの病気について、さらにくわしく解説しています。

❶では、なぜ「こころの調子」が悪くなるのか、「こころの病気」とはどんな状態なのか解説しました。❷では、発達障害の子の二次障害としてよくみられる病気を紹介し、❸では、対応のポイントをまとめました。

この本に出てくる おともだち 紹介《しょうかい》

3年生　くるみさん

内気《うちき》でおっとりしている。
心配性《しんぱいしょう》で、
不安なことが多いらしい。
おしゃべりが苦手なのか、
学校では親友としか話さない。

6年生　しんやさん

ＡＤＨＤの特性が強く、
明るく活発な性格。
ゲームが得意《とくい》で、
リスペクトされているけど、
キレやすいときもある。

6年生　まほさん

ちょっと神経質《しんけいしつ》で、
自閉スペクトラム症の
特性がある。
体が弱く、保健室の常連《じょうれん》。
スリムな体型をしている。

5年生　けんさん

自閉スペクトラム症の
特性が強く、きちょうめんで
きっちりしている。
いろんなこだわりがあり
マイ・ルールにうるさい。

6年生　ありかさん

ミステリアスな転校生。
個性的で魅力的《みりょくてき》だけど、
髪の毛を抜いたり、
爪をむしったり、
変わったクセがある。

3年生　かずとさん

やさしく、繊細《せんさい》なタイプ。
気持ちのきりかえが苦手で、
いやなことを長くひきずる。
不登校《ふとうこう》で、
なかなか教室に入れない。

第１章
なんでこうなるの？どうすればいい？

こころも体と同じように、調子が悪くなったり、
病気になったりしてしまうことがあります。
気になる症状《しょうじょう》は、こころのSOSサイン。
本人がどう思っているのか「こころの声」に耳をかたむけ、
どうすれば楽《らく》になるのか、いっしょに考えてみましょう。

1
くるみさんの場合

遠足が不安でパニック

3年生のくるみさんは、極端《きょくたん》な心配性《しんぱいしょう》みたい。もうすぐ、みんなが楽しみにしている遠足があるんだけど、くるみさんは不安そう。何か心配なことがあるのかな？　それとも、遠くに出かけるのがきらいなの？　結局《けっきょく》、当日、バスの中で気分が悪くなっちゃった。だいじょうぶかなぁ……。

バーベキュー、楽しみだね！

もうすぐみんなが楽しみにしている秋の遠足！　今回は、紅葉《こうよう》がきれいな渓谷《けいこく》でハイキングをしたあと、キャンプ場でバーベキューを楽しむ計画です。くるみさんのクラスでも班ごとに分かれて、バーベキューの役割分担《やくわりぶんたん》を話し合います。

何か心配なことがあるのかな？

「野菜を切るのは任《まか》せて！」、「じゃあ、わたしは飯盒《はんごう》でご飯を炊《た》くね」。みんなは、わきあいあいもりあがっています。だけど、なぜだか、くるみさんだけ浮かない顔。話し合いには参加《さんか》せず、不安そうな表情で、何度《なんど》も「遠足のしおり」を読みなおしていました。

まわりの人が思うこと

ハイキングにバーベキュー、とても楽しみだよね。みんなで、もりあがりたい！

くるみちゃん。なんか元気ないよね。どうしたのかな？

くるみさん。遠足に行きたくないの？

くるみさんは遠足に行きたくないのでしょうか。くるみさんの様子を気にした先生が、「どうしたの？　元気ないね」と声をかけますが、暗い表情でうつむくだけ。先生は、「何かわからないことがあったら言ってね」と伝えて、その場をはなれます。

緊張《きんちょう》しているけど、だいじょうぶかな？

遠足の朝。集合場所にあらわれたくるみさんは、ものすごく緊張しています。何度もリュックの中の持ち物を確かめたり、「遠足のしおり」をペラペラめくったり、そわそわしていて、落ちつきがありません。バスでとなりの席になったみずえさんが「くるみちゃん。よろしくね」と声をかけますが、その声すら耳に入らないようです。

バスに酔ってしまったのかな？

そうしているうちにバスが出発。バスガイドさんの楽しいトークに、みんなは大もりあがり。だけど、くるみさんの様子《ようす》はますますおかしく、真《ま》っ青《さお》な顔で冷《ひ》や汗《あせ》をびっしょりかいています。そのうち、ぶるぶるふるえはじめました。バスに酔ってしまったのでしょうか。みずえさんが「気分《きぶん》が悪いの？」と聞いても、つらそうにしているだけで答えてくれません。どうすることもできず「先生。くるみちゃんの様子がおかしいです！」と呼びました。くるみさんは、どうしてしまったのでしょうか？

くるみさん。元気がないけど、何か心配なことがあるのかしら。話してくれないと、わからないわ。

いよいよ、楽しみにしていた遠足！　そんな暗い顔してたら、みんなも、つまらなくなっちゃうよ。

すごい汗をかいているし、気分が悪そうだから、心配だよ。いったい、どうしたの……。

1 くるみさんの場合

なんでこうなるの?

くるみさんは、どう思っているのかな?

いつも不安で、心配なの……

だれでも心配なことがあったり、不安になったりすることはあるのかもしれないけど、わたしはとくに不安が強いみたい。「なにかあったらどうしよう」とか「ともだちにきらわれてしまうんじゃないか」とか、いつも最悪《さいあく》のことばかり想像《そうぞう》してしまうの。

いろんなことが不安の原因《げんいん》になる

遠足やキャンプではじめての場所に出かけるとき、運動会や発《はっ》表会《ぴょうかい》などの行事《ぎょうじ》、大事《だいじ》なテストや宿題《しゅくだい》……。いろんなことが不安の原因になる。特別《とくべつ》なことがなくても「お父さんが死んだら」「地球が滅亡《めつぼう》したら」「戦争が起きたら」とか、とつぜん、いやな考えが頭に浮かび、頭からはなれなくなってしまうこともある。

ぼくも心配なことはあるけど、くるみちゃんほどじゃないなぁ。だいたいのことは、サッカーをしていると忘れちゃうよ。

不安なことが頭からはなれないって、つらいよね。ともだちと遊んだり、テレビをみたりしても、気分転換《てんかん》ができないのかな?

くるみさんには、こんな特徴《とくちょう》があるかも。

知っておきたい
不安症
パニック症

いつも不安で心配ごとがたえない

だれでも、不安になることはあります。

けれども、くるみさんのように、実際《じっさい》には予測《よそく》できないようなことに悪い想像をふくらませ、心配ごとが頭からはなれなくなってしまう場合は、不安が強くなることで、こころの調子がくずれている状態なのかもしれません。発達障害の子が不安症になることは、少なくないことが知られています。

緊張するとパニックが起きる

強い不安にとらわれて緊張すると、心臓がバクバクしたり、めまいがしたり、胸が苦しくなったり、汗をかいたり、吐《は》き気《け》がしたり、体がはげしい反応《はんのう》を起こすこともあります。

パニック症とよばれていて、代表的な不安症のひとつです。

外出がこわくなる

パニック症になると、「また発作《ほっさ》が起きるんじゃないか」「死ぬんじゃないか」など、ますます不安が強くなり、発作が起きそうな場所に行くことをさけるようになってしまうことがあります。

なかには、外出できなくなってしまったり、不登校《ふとうこう》になってしまったりする人もいます。

心臓がバクバクして気分が悪くなっちゃった

今回も「遠足」って聞いただけで、不安な気分になった。「忘れものをしたら」「キャンプ場で虫に刺されたら」とか、いろいろ考えて憂鬱《ゆううつ》になった。のりものも苦手だから、「事故にあったら」「とちゅうでトイレに行きたくなったら」と、次から次に不安におそわれて心臓がバクバクしてきて、胸が苦しくなって、いっぱい汗が出て、すごくつらかった……。

元気がないと思っていたけど、そんなに心配していたなんて気づいていなかったわ。

1 くるみさんの場合

こうすれば、うまくいきそう！

1 何が心配なのか、聞き取る

くるみさんは、「どうせわかってもらえない」と感じ、自分の不安をうちあけられず、一人で悩んでいました。なので、「どうしたの？」という漠然《ばくぜん》とした問いかけではなく、「何か心配なことはある？」「何が心配なの？」と質問《しつもん》し、相談にのることにしました。

先生から「何が心配なの？」と聞いてもらえて、やっと心配なことをうちあけることができたよ。

2 安心《あんしん》できるような情報《じょうほう》を伝える

「事故が起きたら」など可能性が低い心配ごとについては、「このバス会社では10年間、無事故」など、くるみさんが安心できるような情報を伝えました。勇気を出して不安をのりこえられるよう、みんなではげまし、協力《きょうりょく》します。

みずえちゃんが、「気分が悪くなったときや、いやなことがあったときは、すぐに教えてね」って、言ってくれてうれしかった。

CHECK POINT

協力とはげましが大切《たいせつ》。でも、決して無理《むり》はさせない

みんなの協力により、本人が勇気を出して不安をのりこえることができれば、「こわかったけど、だいじょうぶだった」というプラスの体験になります。けれども、あまりに不安が強い場合は、無理をさせず、遠足を休むことも、ひとつの方法です。

❶「気にしすぎだよ」「だいじょうぶだよ」などと流すのではなく、何が心配なのかを聞き、安心できる情報を伝えているか。

❷心配していることが起きる可能性が低い場合、その根拠《こんきょ》を示し説明《せつめい》しているか。

❸不安を減らすために、具体的な対策や準備をおこなっているか。

❹本人が不安をのりこえられるよう、まわりは協力し、はげましているか。

❺気分が悪くなったり、パニック発作が起きたときは、落ちつくことができるまで、安全な場所に避難《ひなん》させているか。

3 心配ごとを減らす、具体的《ぐたいてき》な方法を考える

くるみさんは「バスの中でトイレに行きたくなったらどうしよう」と心配していたので、途中《とちゅう》でトイレ休憩《きゅうけい》をとることを提案《ていあん》しました。「虫よけスプレーを用意《ようい》する」など具体的な方法を考えて、心配ごとを減らし、「心配だったけど、平気だった！」と思える経験《けいけん》を増やしていきます。

心配なことがあっても、準備《じゅんび》をしたり、対策《たいさく》を考えたりしておけば、勇気を出してのりこえられるかもしれないね。

❷ くるみさんの場合

知らないともだちとは話さない

くるみさんは内気《うちき》で、恥《は》ずかしがり屋《や》さんなのかな？幼稚園からいっしょのかおりさんとは、おしゃべりしているんだけど、ほかの子とはほとんど話さないし、知らない子がいると、とたんに無口《むくち》になっちゃう。授業中《じゅぎょうちゅう》に先生が質問《しつもん》しても答えなかった……。まったく口を開かないって変だよね？

かおりさんとは楽しそうに話してるけど……

内気なくるみさんですが、まったくともだちがいないわけではありません。幼稚園からいっしょのかおりさんとは仲良しで、おしゃべりしながら、いっしょに下校《げこう》しています。だけど、なぜだか、極端《きょくたん》に人見知《ひとみし》りなのです。

ほかの子と話すのが苦手なのかな？

この間《あいだ》も、クラスメートのゆきえさんが下校の途中《とちゅう》で、かおりさんとくるみさんを見かけ「いっしょに帰ろうよ」と話に入ってきたのですが、くるみさんは急にムスッとしてしまい、結局《けっきょく》そのあと、ひとこともゆきえさんと話しませんでした。

まわりの人が思うこと

くるみちゃんは、すごく心配性《しんぱいしょう》で、変わったところがあるけど、やさしくて、いい子なんだよ。

くるみちゃんと仲良くなりたかったけど、とつぜん話しかけて、迷惑《めいわく》だったのかな。

かおりさん以外とは、おしゃべりしないの？

そういえば、くるみさんは休み時間や放課後《ほうかご》も、だいたいかおりさんと二人だけで行動しています。ほかの子が入ってくると、とたんに無口になり、だまりこんでしまうのです。かおりさん以外の人とは、話すつもりがないのでしょうか？

話し合いでも発言《はつげん》しないのは、なぜ？

グループ活動や話し合いでも、くるみさんはひとことも話しません。「これで、いい？」って聞くと、こっくりうなずくだけ。学級会で「お楽しみ会でやりたいこと」について一人ずつ意見《いけん》を言っていくことになったときには、「イスとりゲーム」「プレゼントこうかん」「映画《えいが》をみる」などの意見が出たのですが、くるみさんは発言しようとしません。「なんでもいいんだよ」と先生がうながしますが、だまったまま。

国語の時間、音読でフリーズ！

いつもそんな感じなので、先生も困っています。国語の時間、順番《じゅんばん》に教科書《きょうかしょ》を読んでいくときも、くるみさんは教科書を手に、無表情《むひょうじょう》で突っ立ったまま、読もうとしないのです。「どうしたの？　がんばって」と先生がはげましますが、読むことができません。みかねた先生は、「じゃあ、けんじさん読んで」とくるみさんをとばしたので「えーーっ」「くるみちゃんだけ、ずるーい！」とブーイングの嵐《あらし》でした。

話しかけてもムシされたことがあるの。感じ悪いよね。

くるみさんは、人前で話すのが苦手なのかしら。答えてくれないから、困ったわ。

音読や発表《はっぴょう》が苦手な子は、たくさんいるんだよ。一人だけやらなくてもいいのは、ずるくない？

❷ くるみさんの場合

なんでこうなるの？

くるみさんは、どう思っているのかな？

知らない人と話すと不安になる……

親やきょうだい、仲良しのかおりちゃん、先生と話すのは平気。だけど、それ以外のあんまり親しくない人と話すと、とても不安になる。話がつまらないって思われていないか、わたしのことを変な子って思っているんじゃないかって、心配になってしまうの。

不安が強いと、言葉が出てこなくなる

不安になると、言葉がちゃんと出てこなくて、のどが固まってしまうの。3年生になってクラスがえがあったんだけど、かおりちゃん以外の人と話すのがこわくなってしまった。仲良くなりたいと思っても、知らない子の前だと、まったく話せない。

だから、くるみちゃんは何回も「わたしのこと、いやじゃない？」って、しつこく聞いてくるんだね。

わたしのこと、じゃまだと思ってたわけじゃないのね。きらわれてたんじゃないとわかって、安《あん》心《しん》したよ。

くるみさんには、こんな特徴《とくちょう》があるかも。

知っておきたい
不安症
場面《ばめん》かんもく

ある特定の場所で、話ができなくなる

不安が強いため、緊張してしまい、話ができなくなることがあります。家族や仲良しのともだちとはおしゃべりしているのに、学校などの決まった場所では声を出して話すことができない症状《しょうじょう》が１か月以上続く状態を「場面かんもく（選択性かんもく）」といいます。単なる人見知りや恥ずかしがり屋とはちがい、本人は話したくても話せない状態なのです。

話しかけられても、答えられない

話す力はじゅうぶんにあるのに、話しかけられても答えることができません。知らない人と話したり、みんなの前でスピーチしたりすることもできなくなってしまいます。

話せないだけでなく、とつぜん無表情になったり、体がこわばってしまったり、いろいろな症状があらわれます。

環境《かんきょう》の変化や強い不安が原因《げんいん》になる

クラス替え、引《ひ》っ越《こ》しや転校など環境の変化がきっかけになり、不安が高まって場面かんもくになることが多いようです。先生からしかられたことや、いじめがきっかけとなることもあります。

人前で話すのが、とてもこわい

だから、授業中はとても大変《たいへん》なの。みんなの前で意見を言ったり、グループで話し合ったりするのは、すごくこわい。「なんで話さないの？」とか「ちゃんと話して」ってしかられると、よけいに緊張《きんちょう》してしまう。それで、体がこわばって動けなくなり、声を出すこともできなくなってしまったみたい。

不安と緊張で声も出せなくなっていたなんて、気づいてなかったわ。

② くるみさんの場合

こうすれば、うまくいきそう！

1 無理《むり》に話さなくてもいいことを伝える

くるみさんは、まわりの人に「なんでもいいから話して」とか「がんばれ」と言われると、よけいに緊張してしまい、言葉《ことば》が出なくなるようです。話せないことを責めないのはもちろん、必要《ひつよう》なときは筆談《ひつだん》を使い、話すことを無理強《むりじ》いしないよう心がけました。

「話さなくても筆談でいいよ」って言ってもらえて、少しホッとしたよ。

2 ともだちにも協力《きょうりょく》してもらう

くるみさんは「かおりさん以外の人とも話してみたい」と思っていたので、クラスメートには、先生から「たとえ答えが返ってこなくても仲間はずれにせず、あたたかく話しかけてね」と伝え、協力を求めました。グループでの話し合いのときには、筆談で「イエス・ノー・わからない」を選んでもらうことにしました。

音読も先生がいっしょに読んでくれるから、口をパクパクさせて小さな声で読めるようになってきたの。

CHECK POINT

話せないことを受けいれ、コミュニケーションをとる

　不安が強く話せなくなっている子の場合、「緊張しないで」「話してみて」などとうながしてもプレッシャーになるだけで、効果《こうか》はありません。

　話せないことで、仲間はずれになったり、授業や話し合いに参加できなくなったりしないよう、コミュニケーションの方法を用意《ようい》することが大切です。ていねいにかかわり、緊張がほぐれていけば、少しずつ話せるようになっていきます。

❶話せないことを責めたり、話すことを無理強いしたりしていないか。

❷親しいともだちなどに協力してもらい、仲間はずれやいじめを予防しているか。

❸筆談など、グループでの話し合いや発表などに参加できる方法を考えているか。

❹不安や緊張がほぐれるよう、体を動かしたり、遊んだり、リラックスできる時間をもうけているか。

3
リラックスできる時間を増やす

緊張や不安が強いときには、ともだちと遊んだり、スポーツをするなど体を動かしたり、リラックスできる時間をつくることが大《たい》切《せつ》です。話すことへの不安がやわらぐように、くるみさんが話さなくても楽しく参加《さんか》できるレクリエーションを考えました。

休み時間は、かおりちゃんが「話さなくてもいいから、みんなと遊ぼう」ってさそってくれるの。わたしは、トランプが得意《とくい》なんだよ。

3
しんやさんの場合

ゲームに夢中《むちゅう》で、学校がおろそかに……

6年生のしんやさんはオンラインゲームが大好きで、バトル系のゲームが得意《とくい》！ だけど、どうやら夜遅くまでゲームをやっちゃうらしく、最近《さいきん》、遅刻《ちこく》が多いんだ。授業中《じゅぎょうちゅう》もぼーっとしていて、居眠りしていることもあるから、よく先生におこられてる。ゲームに夢中なのはいいけど、ほどほどにしたほうがいいんじゃないかな……。

「名人」とよばれるくらいゲームが得意

しんやさんは大人でもむずかしいオンライン対戦ゲーム「きらバトル」を制覇《せいは》したという伝説をもつスーパー小学生。みんなから「ゲーム名人」としてリスペクトされていますが、いったんゲームをはじめると、なかなかやめられなくなるようです。

休み時間も、ゲームの話ばかり

先月「きらバトル2」がリリースされたので、しんやさんは攻略《こうりゃく》に夢中。学校ではゲームが禁止されていますが、休み時間になると「ステージ5のドラゴンがヤバいんだよ」「それまでにアイテムを手に入れるのがポイントだよ」など、ゲームの話ばかりしています。

まわりの人が思うこと

シューティングゲームでもハイスコアをたたきだしてるんだ。尊敬《そんけい》しちゃうよ。

「きらバトル」おもしろいよね。でも、ぼくはステージ2がやっとだなぁ……。

ゲームに夢中で睡眠不足《すいみんぶそく》？

だけどゲームに夢中になりすぎて、よく眠れていないようです。授業中はぼんやりしていることが多く、先生に質問《しつもん》されても答えられなかったり、途中《とちゅう》で寝てしまったり、なんだか様子《ようす》がおかしく、「学校に何しに来ているんだ！」とおこられてばかり。

べんきょうは、やる気がなくなったみたい……

漢字テストや算数のテストも以前までは合格点《ごうかくてん》をとっていたのに、最近はやる気がなくなってしまったのか、家で予習をしなくなったのか、0点や10点をとることもあります。宿題《しゅくだい》もめったにやってこなくなり、先生が「ゲームばかりしていないで、べんきょうもやろうよ」と注意《ちゅうい》しても聞いてくれません。

学校よりゲームが大事《だいじ》なんだって

しかも、休み時間に禁止されているゲーム機を持ちこみ、こっそりゲームをしていたのが見つかり、お母さんが学校に呼び出されることに……。お母さんによると、しんやさんはゲームに必要なアイテムを手に入れるために、クレジットカードを無断《むだん》で使っていたらしいのです。お母さんは先生に「なんとかゲームをやめさせたい」と相談。けれども、しんやさんは「学校よりゲームのほうが楽しい。ゲームをやれないなら、学校にも行かない！」と反発《はんぱつ》しており、先生もお母さんも頭をかかえています。

しんやさん。最近、よく、机《つくえ》につっぷして寝ているの。起きているときも、うとうとしてることがあるよ。

ゲームが得意なのは認めるけど、ちょっと度が過ぎているんじゃないかな。生活が乱れてきているのが心配《しんぱい》だよ。

注意すると、イライラして怒鳴《どな》ったり、ものを投げることもあるんです。ゲーム機をとりあげたほうがいいのでしょうか。

3 しんやさんの場合

なんでこうなるの?

しんやさんは、どう思っているのかな?

はじめると、やめられない……

いったんゲームをはじめると、なかなかやめられない。ついつい「もう一回」とか思うから、寝る時間も遅くなってしまう。お母さんから「もう寝なさい」「いいかげんにしなさい」って注意されて、しぶしぶベッドに入るけど、ふとんの中でこっそり続けているんだ。内緒《ないしょ》だけど、明け方までやっていることもあるよ。

生活リズムが乱れ、やる気が出ない

寝る時間が遅いから、朝もなかなか起きられない。最近は遅刻ばかりで、学校に行っても寝不足《ねぶそく》だから授業に集中《しゅうちゅう》できないんだ。前からべんきょうは得意じゃなかったけど、テストの点数もどんどん下がって、先生にもおこられてばっかりだから、やる気もどんどんなくなってきた。今は学校に行くこと自体《じたい》、気が進まなくて、ズル休みしたくなる。

わたしもゲームは大好きだけど、そこまでのめりこまないなぁ。夜は眠くなるから、寝ちゃうよね。

ぼくはともだちと遊んだり、サッカーチームで練習《れんしゅう》したりするのも楽しいけど、しんやさんはゲームが一番なんだね。

しんやさんには、こんな特徴《とくちょう》があるかも。

知っておきたい
ゲーム障害
睡眠《すいみん》・覚醒《かくせい》障害

何かにはまってしまい、生活が困難《こんなん》に

何かに夢中になることで、日常生活がしづらくなってしまう状態を「依存」といいます。大人の依存では、アルコール依存、ギャンブル依存などが代表的です。最近では、子どものゲーム依存やスマホ依存が社会問題として注目《ちゅうもく》されています。

ゲームに夢中＝依存ではない

ゲームやスマホにはまる子は増えていますが、みんなが依存状態にあるわけではありません。「ゲーム以外のことが楽しくない」「ほかのことがおろそかになる」「ゲームのことばかり考えイライラする」「ゲーム時間がどんどん増えて減らせない」といった状態がずっと続き、生活に悪い影響《えいきょう》が出ているとき、依存の可能性が考えられ、医療機関で「ゲーム障害」と診断される場合があります。

眠れなくなることもある

ゲームにはまることで眠れなくなってしまったり、昼夜逆転《ちゅうやぎゃくてん》になったり、授業中に眠ってしまったり、睡眠のリズムが乱れてしまう「睡眠・覚醒障害」になる場合も少なくありません。とくに、もともと自分をコントロールすることが苦手な自閉スペクトラム症（ASD）や注意欠如《ちゅういけつじょ》・多動症《たどうしょう》（ADHD）の子が、ゲーム障害＋睡眠・覚醒障害になるケースは少なくないと考えられています。

ゲームをしていないとイライラしてしまう

先生やお母さんは「ほかのことをしなさい」「ちゃんとべんきょうしなさい」って言うけど、スポーツも苦手だし、ほかに楽しいことが見つからないんだ。ゲームをしていないときでもゲームのことばかり考えてしまう。ゲームがないとイライラしてしまい、落ちつかないから、「やめる」なんて、ぜったいムリだよ。

そこまでゲームにのめりこんでいるんだね。どうしたら、ほかのことにもやる気をもってもらえるのかなぁ。

③
しんやさんの場合

こうすれば、うまくいきそう！

1 やりすぎる悪影響について、話し合う

しんやさんはゲームにのめりこむことに罪《ざい》悪感《あくかん》をもっていますが、べんきょうがおろそかになったり、ほかの活動ができなくなったり、生活リズムが乱れたり、体力がなくなったりしている悪影響をしっかりわかっていませんでした。先生と話し合い、ゲームをやりすぎることによるマイナス点を整理《せいり》しました。

ゲームは大好きだし、得意だから、お母さんにしかられても、なんでやりすぎたらいけないのか、よくわかっていなかったんだ……。

2 コントロールできる作戦を考える

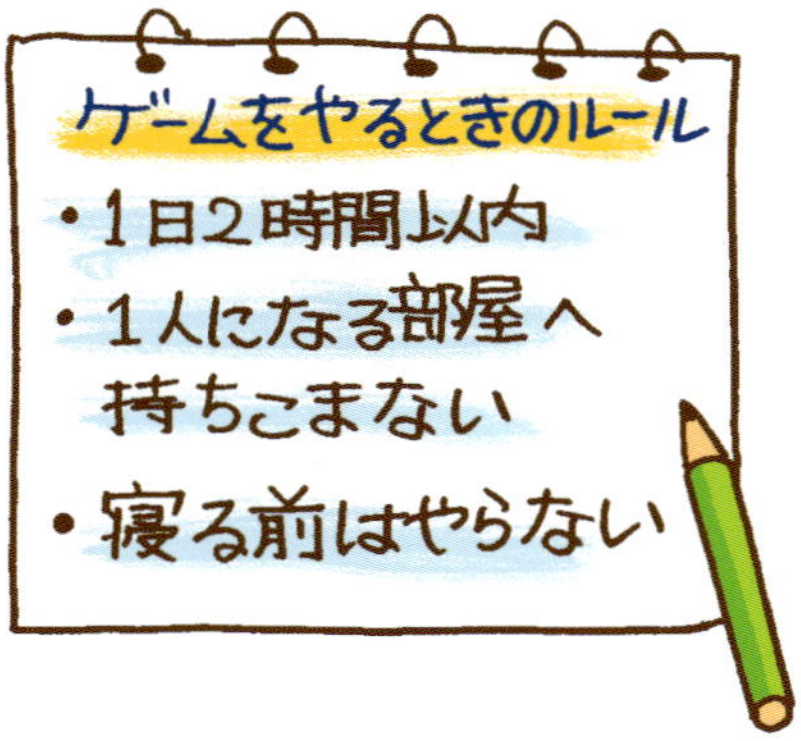
ゲームをやるときのルール
・1日2時間以内
・1人になる部屋へ持ちこまない
・寝る前はやらない

しんやさんにとってゲームは大切《たいせつ》な趣味《しゅみ》なので、とりあげるのはかわいそうです。自分でコントロールできるようになるための作戦を考えました。お母さんとも相談し、「時間（1日2時間以内）」「場所（1人になる部屋へ持ちこまない）」などルールを決めました。

やりすぎないように気をつけたほうがいいってわかったから、これからは自分でコントロールしようと思う。

CHECK POINT

ゲーム以外の楽しいことや活動の場を広げていく

ゲームにのめりこむ背景《はいけい》には、「ほかに楽しいことや趣味がない」「放課後《ほうかご》をいっしょにすごすともだちがいない」「学校がつまらない」「休日の予定がない」「得意なことが見つからない」など、その子なりの理由があります。一方的《いっぽうてき》に「やめなさい！」と禁止するだけでは効果《こうか》がありません。

❶学校で活躍できる場面があるか。ゲーム以外に、その子の得意なことがあるか。

❷生活の中で、ゲームのほかに楽しいことや趣味を見つける機会《きかい》があるか。

❸まわりにいっしょに遊んだり、放課後をすごしたりするともだちがいるか。

❹時間・場所など、ゲームをやるときのルールを決めているか。

❺やりすぎてしまうことのデメリットを、本人がしっかりわかっているか。

❻本人が「自分でルールを守ろう」「コントロールしよう」と思えているか。

3
協力《きょうりょく》して、休日のすごし方を見直す

しんやさんは休日、家にとじこもり、ずっとゲームをしていました。ともだちや家族にも協力してもらい、観劇《かんげき》、映画、スポーツ、キャンプ、博物館・美術館・水族館に行くなど、ゲーム以外の楽しい予定を入れ、活動の場を広げるようにしました。

日曜日にキャンプに行ったんだけど、大きな魚が釣れて、バーベキューして、めちゃ楽しかった！　ゲーム以外にも趣味ができそうだよ。

4
しんやさんの場合

イライラしていてキレやすい

どうも最近《さいきん》、しんやさんが荒れている。
いつもイライラしていて、ちょっとしたことでまわりとトラブルになる。
モノを投げたり、机《つくえ》をバンッてたたいたり、大きな声で怒鳴《どな》ったり……。
「いいかげんにしなさい！」って先生に注意《ちゅうい》されたら、逆ギレして出て行っちゃった。

前より成長したと思っていたのに……

注意欠如《ちゅういけつじょ》・多動症《たどうしょう》（ＡＤＨＤ）で、落ちつきがない行動が目立つしんやさん。入学したばかりのころは、ともだちとケンカしたり、教室から飛び出したり、いろんなことがありました。けれども、少しずつ成長して、大きなトラブルは減っていたのです。

いつもイライラしていて、こわい

ところが最近、なぜだかイライラしていて、急にキレることが増えています。昨日《きのう》は授業中《じゅぎょうちゅう》に机につっぷして寝ていたので、先生が「しんや。起きな」と肩をたたいて注意すると、いきなり、机をバンッとたたき「うるせーっ！」と逆ギレ。

まわりの人が思うこと

しんやさんって、1年生のときからトラブルメーカーで、有名人だったよね。

最近、落ちついて授業に参加《さんか》できるようになってきたと思ってたんだけど、どうしたのかな……。

反抗《はんこう》してばかりで、言うことを聞かない

「落ちついて」と、先生がとめるのも聞かず、そのまま教室を出て行ってしまいました。いつも、そんな感じなのです。遅刻《ちこく》や忘れものも多いのですが、先生が注意しても聞く耳をもたず、反抗的な態度《たいど》が目立ちます。

運動会の練習《れんしゅう》なのに、やる気がないのかな？

2学期になって運動会の練習がはじまりました。しんやさんのクラスは自分たちでふりつけを考えた創作ダンスをやることになり、みんなはりきっています。だけど、しんやさんはいまひとつやる気がないよう……。いつも、校庭のすみっこでさぼっていて、まじめに練習してくれません。「しんやさん。ふりつけをおぼえてよ」「こっちに来て」。クラスメートが声をかけても、知らんぷり。

あげくのはてに、学校から出て行っちゃった

先生が「ちゃんと参加しよう」と注意したら、「うるせー！」とにらみつけます。校庭に置いてあったダンスの小道具を先生に投げつけ、みんながつくった旗《はた》を土足でぐしゃぐしゃに踏みつけたのです。あまりのことに、みんなもカンカン。先生が「いいかげんにしなさい！」っておこったら、「うぜーんだよ」と捨てぜりふをのこし、走って学校を出て行き、もどってきませんでした。どうしてしまったのでしょう？

気に入らないことがあると、教室から出て行っちゃうの。トゲトゲしていてこわい。

どうしてダンスの練習に参加しないのかな？ もうすぐ本番なのに、ふりつけくらい、おぼえてほしいよ。

みんなで描いた旗だったのに、ぐちゃぐちゃになっちゃったよ。ひどくない？ やる気がないのは勝手《かって》だけど、ゆるせないよ。

④ しんやさんの場合

なんでこうなるの？

しんやさんは、どう思っているのかな？

なんだかイライラする……

ずっとイライラが続いていて、ちょっとしたことでムカついちゃう。家でも学校でも、すべてがうまくいかなくて、「ぼくなんて、いないほうがいいんじゃないか」って思うし、「学校なんて、なくなってしまえ！」「人類《じんるい》なんて滅亡《めつぼう》しちゃえ」と思うこともある。

まったく、やる気が出ない

がんばっても、どうせ忘れものをしたり遅刻をしたりして、おこられてばかりだし、どんどんやる気がなくなる。それで、机につっぷして寝ていたら、またおこられる……。もともとスポーツやダンスも苦手だから、運動会の練習もまったくやる気が出ないんだ。

ぼくもイライラしたり、ムカつくことはあるけど、楽しいこともたくさんある。一晩《ひとばん》寝ると忘れるよね。

確かに苦手なことだと、やる気が出ないことがあるよね。なにもかもうまくいかなくて、イライラする気持ちもわかる。

しんやさんには、こんな特徴《とくちょう》があるかも。

知っておきたい 適応障害《てきおう》 素行《そこう》症

こころのバランスがくずれている

　ものごとがうまくいかず、イライラしてしまったり、やる気がなくなったりすることは、だれにでもあります。

　けれども、その状態が長く続き、ひんぱんにトラブルが起きてしまったり、ふだんの生活が送れなくなったりしている場合は、適応障害や素行症かもしれません。こころのバランスがくずれ、SOSを出している状態です。

ストレスが原因《げんいん》で、やる気がなくなる

　いやなことや大きなストレスがきっかけで、不安が強くなり、学校に行きたくなくなったり、やる気がなくなってしまったりする状態が、適応障害です。

　そのほかにも、食欲がなくなったり、眠れなくなったり、さまざまな症状《しょうじょう》が出ます。

自分のコントロールができなくなる

　イライラがつのり、自分の気持ちがおさえられず、すぐにキレてしまったり、ささいなことで暴力をふるったり、ひんぱんにトラブルが起きる場合は、素行症の可能性があります。こころの中には大人への強い不満や、信用できないという気持ちがあります。大きなトラブルがないけれども、反抗的《はんこうてき》な態度が目立つ場合は、反抗挑発《ちょうはつ》症といわれることもあります。

あばれないと、気がすまない

こっちはイライラをおさえるのに、せいいっぱい。本当は学校なんか行きたくないけど、「ちゃんと行きなさい」ってお母さんが言うから、自分なりにがんばっているつもり。なのに、先生にはおこられてばかりで、あばれないと気がすまないよ。あばれるとスカッとするけど、そのあと「また、やってしまった……」って後悔《こうかい》するんだ。

しんやなりに、「なんとかしよう」とがんばっていたんだね。気づいてあげられなくて、ごめん。

こうすれば、うまくいきそう!

1 相談にのり、気持ちを聞く

もともとADHDがあるしんやさんは、「なにをやってもうまくいかない」「自分ばかりおこられる」と思いこみ、投げやりな気持ちになっていました。先生は、しんやさんとじっくり話をする機会《きかい》をつくり、まずは、しんやさんの気持ちを聞くことにしました。

家でも学校でもおこられてばかりで、ずっとモヤモヤしていたから、気持ちを話せて、少しスッキリした。

2 コントロールするワザを考える

カッとなってあばれてしまうしんやさんですが、あとから「また、やってしまった」と後悔して、悩んでいることがわかりました。なので、イライラしたときは「深呼吸」「1・2・3と数をカウント」など、気をそらす方法を考えました。また、どうしてもイライラがおさまらないときには、保健室に避難《ひなん》していいことにしました。

週に1回はイライラして教室を飛び出していたけど、少しずつがまんできるようになってきた気がする。保健室はホッとできるよ。

CHECK POINT

まわりの大人の対応《たいおう》が変われば子どもの行動も変わる

トラブルメーカーと思われている子どもは、自分に対するまわりの大人の目に、とても敏感《びんかん》です。とくに高学年になると、困った行動の背景《はいけい》には、「いつも、おこられてばかり」「どうせ、わかってもらえない」という、大人への大きな不信感があります。「わかってもらえた！」「味方がいる」という実感《じっかん》が、行動の変化につながります。

❶本人と話し、本当の気持ちを聞く機会をもてているか。

❷ADHDなどの障害がある場合、「忘れもの」「遅刻」など、本人の努力《どりょく》だけではどうしようもないことに対して、一方的《いっぽうてき》におこっていないか。

❸本人の悩みやできていないことに対して、いっしょに改善策《かいぜんさく》を考えているか。

❹本人がカッとなってしまったときに、気持ちを切りかえる方法があるか。

❺学校生活の中で、本人が活躍できて、自信をとりもどせる場面があるか。

3
自信をもち、活躍《かつやく》できる機会をつくる

「得意《とくい》なゲームについて、みんなの前でスピーチしてもらう」など、しんやさんが自信《じしん》をとりもどせるような機会をつくりました。できていないことばかり指摘《してき》するのではなく、「今日は忘れものをしなかったね」「イライラをがまんできたね」など、「できたこと」に注目《ちゅうもく》し、ほめることを心がけました。

先生から「今週は、一度も教室を飛び出さなかったね」って、ほめられたよ。けっこうイラッときてたけど、がまんしたんだ。

5
まほさんの場合

病気じゃないのに、いつも調子が悪そう

6年生のまほさんは、体がとっても弱いみたい。
この間《あいだ》は、運動会の日に立ちくらみを起こし、創作ダンスもパスだった！
最近《さいきん》は登校中《とうこうちゅう》や授業中《じゅぎょうちゅう》に、しょっちゅう、おなかが痛くなるみたい。
教室に入れず保健室にいることも多いんだけど、まほさん、何かの病気なのかな？

いよいよ秋の運動会！　ダンスを踊るよ

6年生にとっては、小学校生活ラストの運動会！　フィナーレをかざる創作ダンスを、みんなで力をあわせ、2か月かけて練習《れんしゅう》してきました。本番をむかえ、「ぜったい決めてやる！」「サイコーのダンスにしよう！」と、気合じゅうぶん。

まほさんは立ち上がろうとして、ふらふら……

さぁ。いよいよ、フィナーレ。先生の合図《あいず》で、みんないっせいに立ち上がります。ところが、まほさんは、ふらふらしてしまい立ち上がることができません。「まほちゃん。だいじょうぶ?」。親友のさくらさんが、あわてて、まほさんを支えます。

まわりの人が思うこと

今日は思い出に残る一日になるはず！　みんなでがんばろうね。

まほちゃん。具合《ぐあい》が悪そうだけど、緊張《きんちょう》してるのかな？　もしかして本番に弱いタイプ？

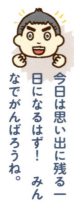

せっかく練習してきたのに、残念《ざんねん》だったね

「スタンバイはOK?」。先生が声をかけると、みんなは元気よく「はーい!」の返事。けれども、まほさんは気分《きぶん》が悪そうにうなだれたまま。さくらさんが「最後《さいご》だから、がんばろうよ」とはげましますが、結局《けっきょく》、保健室に行くことになり、ダンスには参加《さんか》できず……。努力《どりょく》を重ねてきたのに、とっても残念……。

しょっちゅう、おなかが痛くなるんだって

まほさんを悩ませているのは、立ちくらみやめまいだけではないのです。登校中や授業中に、しょっちゅう、おなかの調子が悪くなってしまうよう。この間も、漢字テスト中に真《ま》っ青《さお》な顔をして、体を丸めおなかを押さえていました。気がついたさくらさんが、「先生!　まほちゃんの調子が悪そうです」と先生を呼んでくれたので、トイレに直行。そのあとは保健室に行ったらしく、教室にはもどってきませんでした。

最近、まほさんの顔をみない……

最近は登校しても、教室に入ることができず、保健室に行くことが多くなっています。さくらさんや担任《たんにん》の先生が迎えに行き、「がんばってクラスに行こうよ」「だいじょうぶだよ」とはげましても、まほさんは気分が悪そうにうつむくだけ……。このまま学校に来なくなってしまうんじゃないかと、みんなが心配《しんぱい》しています。

まほちゃんとペアで踊るパートがあったのに、いっしょに踊れなくて本当に残念だった……。

まほさん。すごくつらそうだったよ。教室にもどってこなかったけど、だいじょうぶだったのかなぁ？

病気ではないみたいなんだけど、どうしたのかしら。このまま不登校になってしまうんじゃないかと心配。

5 まほさんの場合

なんでこうなるの？

まほさんは、どう思っているのかな？

起きられない、立っていられない

急に立ち上がろうとしたときとか、長い時間立っているときとか、ふらふらして立ちくらみを起こしてしまうことがある。目の前がまっくらになったり、気分が悪くなったり、吐《は》き気《け》がすることもある。ダンスには参加できなくて残念だったけど、それどころじゃなかったの。最近、朝も起きられなくて困ってる。わたしはなまけものなのかな……。

学校に行こうと思うと、おなかが痛くなる

この間、テストの途中《とちゅう》におなかが痛くなっちゃって、トイレに行きたくて冷《ひ》や汗《あせ》が出てくるし、最悪《さいあく》だった……。それから、学校に行こうと思うと、ぎゅーっとしめつけられたみたいにおなかが痛くなる。なんとか学校に行っても、「授業中にトイレに行きたくなるんじゃないか」と思うと、こわくて教室に入れないの。

「最後だから、がんばろうよ」って軽く言っちゃったけど、まほちゃんは苦しくてそれどころじゃなかったんだね。ごめんなさい。

確かに、テスト中に手をあげて、先生に「トイレに行きたい」って言うのは勇気がいるよね。気持ちはわかる。

まほさんには、こんな特徴《とくちょう》があるかも。

知っておきたい
身体症状症《しんたいしょうじょうしょう》など

ストレスで体の調子が悪くなる

体の病気ではないのに、おなかが痛くなったり、めまいがしたり、息苦しくなったり、さまざまな症状があらわれるのは身体症状症や心身症かもしれません。ストレスによって、体の機能《きのう》を調節《ちょうせつ》する自律神経《じりつしんけい》のはたらきが乱れることが、原因《げんいん》になります。

立ち上がれなくなることも……

急に立ち上がるときなどに、立ちくらみを起こしたり倒れたりしてしまうのは起立性《きりつせい》調節障害です。朝、起きあがることができなくなったり、長い時間立っていなければならない朝礼《ちょうれい》などのときに、失神《しっしん》してしまったりする（意識《いしき》をうしなう）こともあります。

便秘《べんぴ》や下痢《げり》をくりかえすことも

腸《ちょう》に異常《いじょう》がないのに、おなかが痛くなったり、おなかがゴロゴロしたり、便秘や下痢をくりかえしたりするのが、過敏性腸症候群《かびんせいちょうしょうこうぐん》です。やはりストレスが原因で「トイレに行きたくなったらどうしよう」というプレッシャーが、さらにストレスを大きくする悪循環《あくじゅんかん》におちいりがちです。

なまけているわけではない

原因が見つからないため、「なまけている」「おおげさ」と誤解《ごかい》されがちですが、本人はとてもつらい思いをしています。

保健室だけが、安心《あんしん》できる場所

親にお医者さんへ連れて行かれたけど、「どこも悪くない」と言われて、親から「気持ちの問題だから、がんばりなさい」って言われて、よけいに落ちこんだ。「わたしのこころが弱いんだ」ってわかっているけど、これ以上がんばることができないの。保健室の先生はいつもやさしく迎えてくれるから、今は、保健室だけが安心できる逃げ場所になってる。

神経質《しんけいしつ》なところがある子だから、「気にしすぎだよ」「だいじょうぶ」とはげましていたけど、負担《ふたん》をかけていたかもしれないわね。

⑤ まほさんの場合

こうすれば、うまくいきそう！

1 がんばれはNG 無理《むり》しないでがOK

「気のせいだよ」「だいじょうぶだよ」「がんばって」などとはげましたくなるかもしれません。けれども本人は苦しくて、つらくて、がんばろうと思ってもがんばれない状態なのです。はげますより「無理しないでね」と声をかけるほうがいいのです。

「無理しなくていいんだ」ってわかったら、肩の荷がおりた気分になったよ。

2 心を休ませることが大切《たいせつ》だと伝える

具合が悪いのは、心がとてもつかれているから。テスト、運動会といった行事《ぎょうじ》など、一つひとつは小さなストレスでも、積み重なるとどんどん重くのしかかり、気づかないうちにこころが弱ってしまいます。まほさんは「なまけていると思われたくない」と無理をしていたので、まずは、とにかくゆっくり休むことを優先《ゆうせん》しました。

ゆっくり休んで、好きなことをいっぱいやったり、おいしいものを食べたりしたら、こころのエネルギーは回復《かいふく》するんだって。

CHECK POINT

とにかく、ゆっくり休んで、マイペースですごすのが大切

ストレスがたまったまま無理をしてしまうと、どんどん体の調子も悪くなります。「自分はダメな子だ」「なまけものだ」と自信《じしん》をなくし、それがまたストレスになるという悪循環になってしまいます。

一度、思いきってリセットし、ゆっくり休んでエネルギーをためることが、何よりも重要です。

❶本人のつらさを理解《りかい》せず、「がんばって」「どこも悪くないからだいじょうぶ」「気にしすぎ」などと、はげましていないか。

❷無理をさせず、ゆっくり休むことができているか。

❸行事、テスト、ともだち関係など、ストレスの原因がわかっているか。

❹保健室、自宅、祖父母《そふぼ》の家、児童館など、本人にとって安心できる逃げ場所＝安全基地があるか。

❺本人が体の不調とつきあいつつ、自分のペースで参加できるよう、家族・学校・ともだちが協力できているか。

3
自分のペースで、参加できるよう協力《きょうりょく》

まほさんにとって、保健室は「ホッ」とできる安全基地《あんぜんきち》になっていたので、「調子が悪くなったら、いつでも保健室に行っていいよ」と伝えました。保健室登校になってしまった日も、親友のさくらさんや先生が「クラスで何があったのか」連絡《れんらく》することにし、まほさんが安心して、すこしずつ授業に参加できるよう協力しました。

今は、保健室を安全基地にしながら、調子のいいときはクラスに参加しているの。

⑥ まほさんの場合

食べたものを吐いていた

まほさんは、どちらかといえばスリムなのに、ダイエットしているみたい。給食も「量を減らして」ってたのんだり、のこしたりして、あんまり食べないの。夏休みのキャンプでバーベキューをしたんだけど、まほさんはお肉がきらいなのかな。洗面所で、げぇーげぇー吐いていた。ちょっと、やりすぎじゃない？

すらっとスリムで、うらやましいな

まほさんは背が高く、すらっとスリム。担任のともこ先生も「スタイルがよくて、うらやましい」と言っていました。けれども、ダイエットをしているのか、好ききらいが多いのか、小食なのかわかりませんが、給食をほとんど食べていません。

まほさん、おなかすかないのかな……

みんなが大好きなカレーのときも、「ちょっとでいいから減らして」と給食係のめぐりさんにたのんでいました。牛乳やパンは、いつもこっそり、食いしんぼうのようすけさんにあげています。給食が苦手なのでしょうか？

まわりの人が思うこと

スリムなのはうらやましいけど、食が細すぎるなぁ。小学生なのに、ちょっと不健康《ふけんこう》な気がする。

ぼくなんか給食だけじゃ足りなくて、いつもおかわりしちゃうけど、まほさんはおなかすかないのかな？

ますますガリガリにやせてきてる

あまり食べないからなのでしょうか。まほさんの身長はのびているのに体重は増えず、どんどんガリガリにやせてきているようです。顔色が悪く、表情も暗く、元気がなくなり、なんだか不健康な雰囲気《ふんいき》がただよっています。

まほさん。お肉はきらいなのかなぁ……

この間《あいだ》、夏のキャンプでバーベキューをしたときのこと。アウトドアが得意《とくい》な校長先生がおいしいお肉を炭火《すみび》で焼いてくれたので、みんなはおおよろこび。もりもり食べていましたが、まほさんだけはお肉を食べずに、ピーマンやもやしばかり食べています。心配《しんぱい》した校長先生が、「少しはお肉も食べないと、元気が出ないぞ」と、まほさんのお皿にお肉をのせました。

ダイエットにしても、やりすぎじゃない？

「すっごくおいしいよ。食べてみて」と、ともこ先生もすすめるので、まほさんはしぶしぶお肉を食べていました。けれどもあんまり箸《はし》は進まず、半分くらいはのこしてしまい、ようすけさんに食べてもらったようです。そしてそのあと、洗面所で口に指をつっこみげぇーげぇー吐いているのを、ようすけさんが目撃《もくげき》！　「あいつ、だいじょうぶかなぁ。ダイエットにしても、やりすぎじゃないか？」と心配しています。

まほちゃんの手足は、枯れ枝みたいに細くなってきた。さすがにガリガリすぎない？

めちゃくちゃおいしいお肉だったのに、まほさんは食べることに、あまり興味《きょうみ》がないみたい……。

まったく食べないから心配になったんだけど、吐いていたなんてショック……。無理《むり》にすすめてわるかったかしら。

6 まほさんの場合

なんでこうなるの？

まほさんは、どう思っているのかな？

体重がすごく気になってしまう

前はすごく太っていて、自分に自信《じしん》がなかったの。「スタイルいいね」とか「モデルみたい」って言われるとうれしくて、いつのまにか体重のことばかり気にするようになってしまった。太るのがいやで、「あー。食べすぎたから増えちゃった」とか「おやつをがまんしたのに、ぜんぜん、減っていない」とか、毎日何度《なんど》も体重計にのってしまう。

太りそうだから、食べるのがこわい

体重が気になりすぎて、最近《さいきん》、食事をするのがこわくなってしまった。お肉は大好きだったけど、「太るんじゃないか」って思うと、こわくて食べられない。給食も、できるだけ食べないようにしている。だけどまったく食べないと、夕方おなかがすいて、ときどき家にあるパンやお菓子をドカ食いしてしまうの。

そこまで体重を気にしていたのね。「うらやましい」なんて、気軽に言ってしまって、悪かったわ。

大好きなお肉をガマンするなんて、ぼくには考えられないよ。まほさんは、努力家《どりょくか》なんだね。

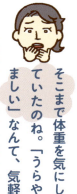

まほさんには、こんな特徴《とくちょう》があるかも。

知っておきたい
摂食障害《せっしょくしょうがい》（拒食症《きょしょくしょう》・過食症《かしょくしょう》）

食事がちゃんと食べられなくなる

太るのがいやだからと食事を食べなくなったり、一気《いっき》にたくさん食べてしまったり、決まったものしか食べられなくなったり、健康的な食事ができなくなる状態を、摂食障害といいます。脳の食欲をコントロールするシステムが、うまくはたらかなくなることが原因《げんいん》です。

どんどんガリガリにやせてしまう

よく知られている摂食障害が、拒食症（神《しん》経性《けいせい》やせ症《しょう》）です。ガリガリにやせているのに本人は「太っている」「体重が増えたらどうしよう」と悩み、極端《きょくたん》なダイエットをおこなったり、食べたものを吐いたりしてしまいます。

食べすぎてしまうこともある

一方《いっぽう》で、つめこむように大量に食べまくってしまい、そのあと後悔して吐いたり、絶食《ぜっしょく》したり（食べること自体《じたい》をやめたり）、極端な行動をくりかえすタイプは、過食症（神経性過食症）といいます。

めまいや貧血《ひんけつ》などに注意！

摂食障害が重くなると、生理がとまったり、骨がもろくなったり、貧血になったり、髪の毛が抜けてしまったり、体に負担《ふたん》がかかってしまうことがあるので注意《ちゅうい》が必要《ひつよう》です。

食べすぎたら、後悔《こうかい》して、吐いてしまう

食べすぎたあとは、「これで太ったらどうしよう！」って、めちゃくちゃ後悔するし、罪悪感《ざいあくかん》におしつぶされそうになる。一度、ポテトチップスを食べすぎて気持ちが悪くなり吐いてしまってから、食べたあとに吐くのがクセになってしまったの……。最近はドカ食いしなくても、毎回、食事のあとはトイレで吐いてる。

ダイエットをしているのは気づいていたけど、毎回、トイレで吐いていたなんて知らなかったわ……。

6 まほさんの場合

こうすれば、うまくいきそう！

1 お医者さんに相談し、当事者の会を紹介する

摂食障害になる人の多くが、自信がなかったり、「大人になりたくない」と思っていたり、こころに大きな悩みや心配ごとをかかえていることがわかっています。そこで、お医者さんに相談し、ピアサポートの会を紹介しました。同じ悩みを抱えている人と話すことで、勇気をもって、自分の不安や悩みごととむきあうことができます。

自信がないのに、人にみとめられたい、もっとほめてほしいって思っていた。先生と話しながら、自分の気持ちにむきあえたかな。

2 無理に食事をすすめない

「何か食べたら」「ちゃんと食べないと体に悪いよ」「もっと食べなさい」などとすすめても、まほさんにはプレッシャーになるだけで、たとえその場で食べられたとしても、あとから後悔させることになり、よい結果にはなりません。まほさんと相談しながら必要な栄養《えいよう》をキープする方法を考え、食べることを強制《きょうせい》しすぎないようにしました。

お母さんと相談して、毎日、野菜と豆のポタージュスープを飲むことにしたの。吐いたあとでも、これなら食べられる。

CHECK POINT

家族と協力《きょうりょく》し、こころも体もケアしていく

「たいしたことはない」と放《ほう》っておくと、どんどんやせてしまったり、ほかの病気になったりすることがあるので、早めに対処《たいしょ》しましょう。

摂食障害になる人は深い悩みをもっていることが多く、お医者さんに相談し、家族とも協力しながら、本人の気持ちが落ちつく方法を考えなければなりません。

❶本人の不安や悩みについて、家族や先生がじっくり耳をかたむけ、安心《あんしん》させられる時間をつくっているか。

❷食べることをすすめたり、強制したりしてプレッシャーを与えていないか。

❸外見のことや体重のことばかり、話題にしていないか。

❹必要な栄養をとりながら、こころと体の両方をケアできるよう、家族と学校で協力しているか。

3
外見や体重のことを話題にしない

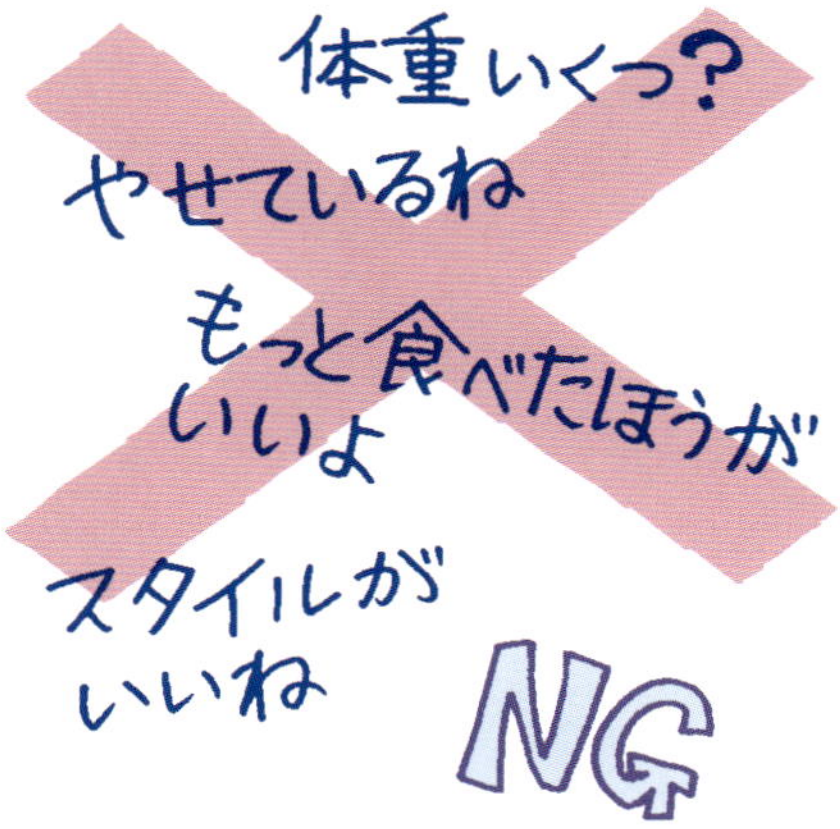
体重いくつ？
やせているね
もっと食べたほうがいいよ
スタイルがいいね
NG

「やせているね」「この間より太ったんじゃない？」など体重のことを話題にすると、まほさんはいつまでも気にしてしまうようです。気分転換《きぶんてんかん》できるような楽しい話題を心がけ、体重や見た目のことばかり話題にするのはやめました。

わたしはどうも、人の目を気にしすぎているみたい。どんな自分でも、「わたしはわたし」って、自分のことを好きになれるといいなぁ。

7
けんさんの場合

何《なん》度《ど》も手を洗っている

5年生のけんさんは、まわりが引いちゃうほど、けっぺき症《しょう》できれい好き。

給食の前とあとは、毎日何十分もかけて手を洗っているの。

それにウェットティッシュを持ち歩いていて、ありとあらゆるところをふきまくってる。

清潔《せいけつ》なのはいいことだけど、度が過ぎていないかなぁ……。

今日の給食は、クリームシチュー！

4時間目の終了チャイムがなると、待ちに待った給食の時間！　「あーっ。おなかがすいたー」「今日はシチューだよね」「ぜったいおかわりしようっと」。今日のメニューは、人気ナンバーワンのクリームシチューなので、みんなうきうきしていました。

きれい好きなのは、いいことだけど……

今日の給食当番は、けんさんの班《はん》。みんなはさっさと手を洗うと、テキパキと準備《じゅんび》をはじめます。だけど、けんさんだけ、ずっと水をばしゃばしゃ流しっぱなしにしたまま手を洗っていて、なかなか手洗い場をはなれようとしません。

まわりの人が思うこと

給食の前には、かならず手を洗わなきゃね。だけど……。

けんさんって、いつも、ひといちばい時間をかけて手を洗っているよね。きれい好きなのかなぁ。

もう10分も手を洗っているんだけど……

けんさんのうしろに並んでいた、まことさんとまりえさんはイライラ。「いいかげんにしろよ」「いつまで手を洗ってるの?」。さすがに待ちくたびれてせかすのですが、けんさんは何かにとりつかれたように一心不乱《いっしんふらん》に手を洗い続けています。まことさんとまりえさんはあきらめて、ほかの列に並びなおすことにしました。

まりえさんが給食を運んでくれたのに……

結局《けっきょく》、けんさんが手を洗い続けている間《あいだ》に、配膳《はいぜん》は終わってしまいました。「給食は机《つくえ》の上に置いておいたよ」。親切《しんせつ》なまりえさんが、給食を運んでおいてくれたのですが、席にもどったけんさんはうかない顔。「ありがとう」も言わず、トレーやスプーンをウェットティッシュでていねいにふきはじめました。しかも「どこをさわった?」「スプーンもさわったの?」と確認《かくにん》してくるので、まりえさんも、あぜん……。

けっぺき症だと、大変《たいへん》だよね

けんさんのけっぺき症は、学校では有名！　人がさわったものをさわるのに抵抗《ていこう》があるらしく、ウェットティッシュを持ち歩き、ありとあらゆるところをふきまくっています。この間は体育の時間に、鉄棒《てつぼう》をウェットティッシュでふいていて、先生から「気にしすぎだよ」と注意《ちゅうい》されていました。さすがにやりすぎではないでしょうか。

ていねいに洗っているのは、いいことだと思うんだけど、ちょっと神経質《しんけいしつ》すぎない？

わたしがさわったスプーンは、「きたない」って思われたのかなぁ。失礼《しつれい》しちゃうわ。

人がさわった鉄棒がさわれないなんて……。けっぺき症でこだわりが多すぎて授業《じゅぎょう》にならないよ。

7 けんさんの場合

なんでこうなるの?

けんさんは、どう思っているのかな?

よくないことばかりイメージしてしまう

なぜだか、よくない考えやイメージばかり頭に浮かんできてしまう。たとえば「ばい菌やウイルスに汚染《おせん》されているんじゃないか」「カギをかけ忘れていて強盗《ごうとう》がくるかも」「お母さんを殺してしまったらどうしよう」など、悪いことばかり考えて不安になる。

悪いイメージからぬけだすための儀式《ぎしき》がある

悪い考えを打ち消すために、自分で決めた「儀式」をすることにしているんだ。たとえば、手洗いは「10分以上」というルールがある。10分洗わなければ、「汚染されてしまった」「病気になるんじゃないか」と、ますます不安になって落ちつかない。ほかにも「人がさわったものは、かならずウェットティッシュでふく」という儀式がある。

ぼくも「テストで悪い点をとるんじゃないか」と心配《しんぱい》になることがあるけど、けんさんは、とくに何か理由《りゆう》がなくても不安になっちゃうんだね。

そうか! 給食トレーをふきだしたのは、けんさんなりの儀式だったんだね。

けんさんには、こんな特徴《とくちょう》があるかも。

知っておきたい
強迫《きょうはく》症（OCD）

こだわりがエスカレートしていく

手を洗ったあとでも汚れが気になったり、不安になって戸じまりを確認したりする経験《けいけん》は、だれにでもあることかもしれません。けれども、強迫症では、不安がどんどん大きくなり、こだわりがエスカレートして日常生活に支障《ししょう》をきたしてしまいます。

儀式をしなければ安心感が得られない

たとえば、手の汚れが気になるという不安（強迫観念《かんねん》）にとりつかれ、不安を解消《かいしょう》するために、しつこく手洗いをくりかえすといった儀式（強迫行為《こうい》）をしてしまいます。

本人の意思《いし》ではコントロールがむずかしく、やめようとすると不安がつのり、安心感を得るまで儀式をやめることができません。

自閉スペクトラム症（ASD）の子に多い

自閉スペクトラム症の子が思春期にむけて不安が強くなり、強迫症の症状《しょうじょう》をあらわすのはめずらしいことではありません。また、不安を解消するためにパターンにそった行動をとることは、ASDの典型的《てんけいてき》な特性のひとつでもあります。

自閉スペクトラム症の特性が強く出ているのか、強迫症で苦しんでいるのかをみきわめるのは、お医者さんでもむずかしい場合があることが知られています。

わかっているけど、やめられない

「気にしすぎ」とか「鉄棒にさわって病気になった人はいない」とか言われても、ダメなんだ。つまらない考えだとわかっていても、儀式をやらないと安心《あんしん》できない。最近《さいきん》は「横断歩道《おうだんほどう》を10歩でわたらないと死ぬ」「7のところじゃないと悪いことが起きる」とか、急に頭の中にこだわりが浮かんできて、そのとおりにやらないと気がすまないこともある。

給食が食べられなかったり、学校に遅刻《ちこく》してきたり、最近、ちょっとおかしいとは思っていたけど、そういうことだったのか。

7
けんさんの場合

こうすれば、うまくいきそう！

1
本人の考えを否定《ひてい》しない

けんさんが手洗いやウェットティシュにこだわってしまうのは、ただ「きれい好き」だからではなく、根底《こんてい》には大きな不安があります。「気にしすぎだよ」などと本人の考えを否定したり、「いいかげんにしろ」などと無《む》理《り》やり行動をやめさせたりしても、「どうせわかってもらえない」と、まわりに対する不信感を強めるだけです。

ぼくが儀式をやめられない理由を、先生に知ってもらえたから、少し気が楽《らく》になったよ。

2
お医者さんのアドバイスも聞く

けんさんは、どんどん儀式が増え、こだわりから抜け出せなくなっていることで困っていました。先生も家族も困っていたので、どうすればいいのか相談し、専門のお医者さんのアドバイスも聞くことにしました。

ぼくみたいなタイプの子や、同じ悩みをもってる子は、ほかにもいるんだって。ぼくの行動が強迫症の症状だとわかって、よかった。

CHECK POINT

協力しながら、儀式なしで不安が収まる経験を重ねる

こだわりが強くなったり儀式が増えたりすることで、本人だけでなく、まわりも困ってしまうことがあります。ともだち関係のトラブルや、いじめにつながらないよう注意《ちゅうい》が必《ひつ》要《よう》です。本人の不安がやわらぐよう、みんなで協力しましょう。

❶ふしぎな行動の背景《はいけい》には、大きな不安があることをわかっているか。

❷「きれい好き」と性格のせいにしたり、「気にしすぎ」などと本人の考えを否定したりしていないか。

❸儀式が増えることで、学校生活の中で、できないことがあったり、べんきょうが遅れたり、支障をきたしていないか。

❹本人のこだわりや儀式に、まわりがまきこまれ、つかれたり、いやな思いをしたりしていないか。

❺学校・家庭で協力しながら、不安をやわらげることができているか。

3 リストアップし、作戦を立てる

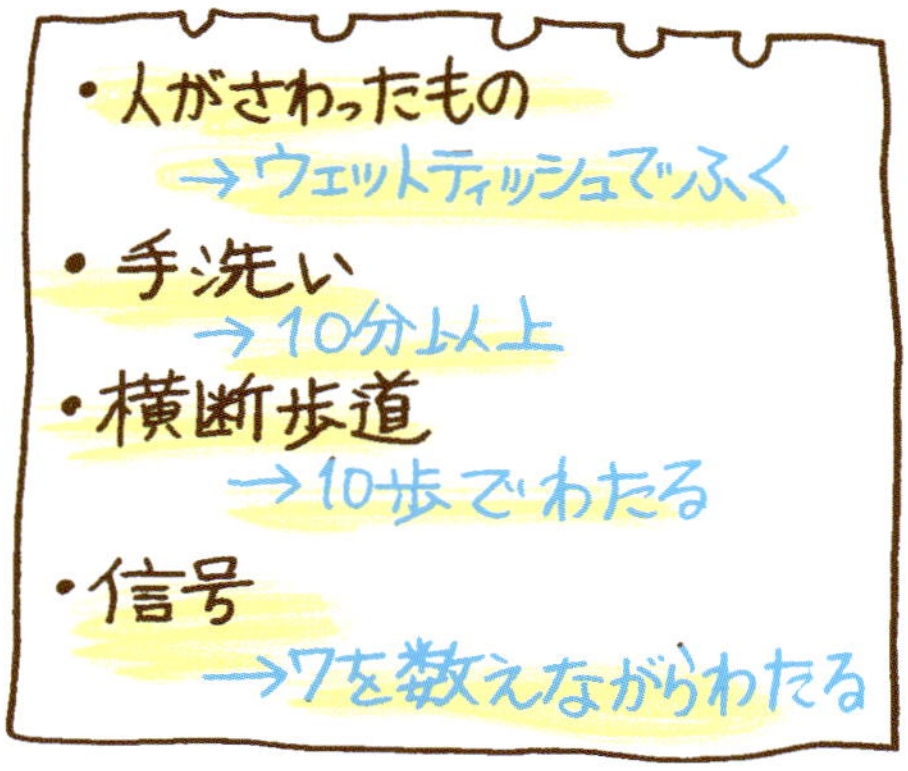
・人がさわったもの
→ウェットティッシュでふく
・手洗い
→10分以上
・横断歩道
→10歩でわたる
・信号
→7を数えながらわたる

いまどんな不安と儀式があるのか、先生といっしょにリストアップし、どうすればのりこえられるのか作戦を考えました。たとえば「鉄棒をふきたい」と思っても、ふかないで鉄棒をやってみる練習《れんしゅう》をし、儀式をやらなくても不安が収まることを経験してもらいます。不安が小さくて、協力《きょうりょく》しやすいものから、少しずつ取り組んでいきます。

すごく不安だったけど、鉄棒の練習をしているうちに、いつのまにか忘れていた……。まだ心配なことはあるけど、今回は、作戦成功！

8
けんさんの場合

どんどん元気がなくなってきた

どちらかというとまじめで、きっちりしたタイプだったけんさんなのに、最近《さいきん》、いつもだるそうな雰囲気《ふんいき》をただよわせていて、遅刻《ちこく》が多い。べんきょうも、生き物係の仕事も、好きだった音楽も、なにもかもやる気が出ないみたい。表情も暗くて、どよーんとしてる。元気がないから、心配《しんぱい》だよ……。

これから、週に一度の朝練《あされん》がはじまるよ！

3学期。卒業式にむけて、けんさんたち5年生は「旅立ちの日に」をブラスバンドで演奏《えんそう》し、6年生を見送ることになりました。音楽が得意《とくい》なけんさんは、先生の推薦《すいせん》でシンバルを担当。これから本番にむけて、週に一度の朝練がはじまります。

けんさん。やる気がないのかな……

ところが、けんさんは朝練に遅刻してばかり……。朝練が終わるころの時間にあらわれたり、朝礼《ちょうれい》ぎりぎりにやってきたり、まにあったためしがありません。しかも、髪はボサボサ、服もよれよれ……。以前までは、まじめできっちりしたタイプだったのに、ぼーっとしていて無気力《むきりょく》で、まるで人が変わったようなのです。

まわりの人が思うこと

今年の5年生は、演奏がうまいから、期待できそう。みんな、がんばろうね。

けんさんって、こんなにだらしないタイプだったっけ？ 3学期になってから、ちがう人みたいになっている。

授業中《じゅぎょうちゅう》も、なんだかうわのそら……

同じシンバル担当のくみさんが「遅刻しないで」と注意《ちゅうい》しても、「うん……」と元気のない返事をするだけ。ちっとも遅刻はなおりません。授業中も、ボーッと窓の外をみていることが目立つようになりました。先生が注意しても、「はい……」と、だるそうに返事をするだけ。みるからにやる気がなさそうです。

あんなに大切《たいせつ》にしていた金魚が死んじゃった……

2学期までは生き物係として、金魚のエサやりを担当していたのに、最近はそれもさぼっていたようです。みんながかわいがっていた出目金《でめきん》のデメスケが水槽《すいそう》の中にぽっかり浮いて死んでいるのを、くみさんが見つけました。けんさんがとても大事《だいじ》にしていた金魚だったので、ガッカリするだろうと思ったら、「デメスケが死んじゃったよ」というくみさんの報告に、「そう……」と、関心がなさそうなひとこと。

エサやりをたのむと、イライラして逆ギレ?

しかも、くみさんが「ほかの金魚には、ちゃんとエサをやってね」とたのんだら、「ぼくが悪いの?」とイライラ。「なんで、ぼくのせいにするの?」と、からんできました。けんさんの強い口調《くちょう》にくみさんも涙ぐんでしまい、まわりのクラスメートから、「くみさんがかわいそう」「けんさんがおかしいよ!」と、ひなんごうごうです。

元気がないだけじゃなくて、すべてのことに対して、やる気がなくなってるみたい。どうしたんだろう?

かわいがっていたデメスケが死んじゃったのに、関心がないなんて、あんまりだよ。ちょっとおかしいんじゃないかな?

けんさんのことを責めたつもりはなかったのに、とげとげしい口調で逆ギレしてきたから、こわかった……。

❽ けんさんの場合

なんでこうなるの？

けんさんは、どう思っているのかな？

生きていても、楽しいことなんて、何もない

最近、どうも何をやっても楽しくない。ともだちと遊ぶ気力も起きないし、テレビをみても、ゲームをしても、ちっともおもしろいと思えない。食欲もないし、夜も眠れない。そんな日が、ずっと続いているんだ。どうせ死んじゃうんだし、このまま生きていても、何も楽しいことなんかないんじゃないかと考えることもある。

ブラスバンドもべんきょうも、やる気が出ない

前まで好きだった音楽も、ぜんぜん聴かなくなった。ブラスバンドの練習も、べんきょうもテスト も宿題《しゅくだい》も、まるでやる気が起きない。金魚にエサをやるのもめんどうくさいし、とにかく何もかもだるいんだ……。みんなはこんな気分《きぶん》にならないのかな？

元気がないと思ってたけど、何もかもが楽しくなくなっちゃったなんて、つらいね……。

ぼくもいやなことがあって、「学校に行きたくない」「やる気が出ない」とか思うことあるけど、長くは続かないな。好きなことをやっていると、いやなことは忘れてしまうよ。

けんさんには、こんな特徴《とくちょう》があるかも。

知っておきたい うつ病

こころがつかれて、がんばれなくなる

体がつかれて動けなくなるように、こころもつかれてがんばることができなくなることがあります。

笑ったり、楽しんだり、ワクワクしたりすることができなくなり、まえむきに何かに取り組む気持ちがなくなってしまいます。そんな状態がずっと続く場合は、うつ病の可能性があります。

イライラしたり、悲しくなったり

最近では、思春期《ししゅんき》の子どものうつ病が増えているといわれています。とくに発達障害のある子がうつ病になるリスクは、高いことが知られています。

子どもの場合、イライラしたり、おこりっぽくなったり、ささいなことで泣いてしまうなど、いらだたしい気分が前面にあらわれることもあります。

エネルギーがなくなっているサイン

まじめで「がんばらなくっちゃ……」という気持ちが大きい子が、うつ病になりやすいようです。

がんばるエネルギーを使いすぎて、エネルギーがなくなってしまった状態なのです。引《ひ》っ越《こ》し、新学期、行事《ぎょうじ》、テストなどで大きなストレスをかかえることが、きっかけになる場合があります。

イライラして、死にたくなる……

先生から「けんさんが遅刻するから、シンバルの練習が進まない」としかられた。くみさんにもエサやりのことを注意されて、どうせ全部《ぜんぶ》ぼくが悪いんだ。ぼくなんてニンゲンのクズだし、生きていてもみんなに迷惑《めいわく》をかけるだけだって悲しくなった。こんなぼくのこと、だれにもわかってもらえないと思うと、絶望的《ぜつぼうてき》な気分になるよ。

イライラして反抗的《はんこうてき》な態度《たいど》をとってくることがあるから、ついついしかっていたけど、けんさんはそんなふうに思っていたんだね。

8 けんさんの場合

こうすれば、うまくいきそう！

1 まずは、話を聞く

こころがつかれているときには、だれかに話すだけで、とても気持ちが楽《らく》になるものです。けれども思春期の子どもの場合は、一人で悩みをかかえこんでしまうことがあります。先生のほうから「ちょっと話をしない？」と声をかけ、けんさんの話を聞く時間をつくりました。

つまらないことで悩んだり、くよくよしているのはカッコ悪いと思っていたんだ。話すことができて、気分が楽になった。

2 あせらず、ゆっくり休んでもらう

やる気が出ない一方《いっぽう》で、けんさんは、「朝練もさぼらず行かなければ」「ちゃんと授業も出なくちゃ」と思い、がんばれない自分に対して強い罪悪感《ざいあくかん》をもっていました。まずはこころを休ませることが大切《たいせつ》なので、「がんばらなくていいんだよ」と伝え、シンバルからリコーダーに代わってもらい、朝練は休んでもいいことにしました。

「自分はダメなやつ」「迷惑をかけている」って思っていたから、「がんばらなくていい」「休んでいい」と言われて、ホッとした。

CHECK POINT

エネルギーが充電《じゅうでん》できるよう、やさしく見守る

子どものうつ病は50人に１人くらいの割合《わりあい》でいるといわれており、めずらしいことではありません。けれども、うつ病が重くなると、ひきこもりになってしまったり「死にたい」と考えだしたり、本当に自殺してしまうこともあるので、まわりの大人が気をつけなければなりません。うつ病の傾向《けいこう》をみのがさないようにしましょう。

❶「やる気がない」「元気がない」など、子どもに変わった様子《ようす》がないか。

❷今まで楽しめていた趣味《しゅみ》や、スポーツ、好きだったことなどを、とつぜんやめてしまっていないか。

❸今、できていないことに本人が罪悪感をもっていないか。

❹悩みをかかえこんでしまわないよう、気軽《きがる》に話をする機会《きかい》をもてているか。

❺本人がストレスをためすぎないよう、気分転換の時間をつくれているか。

3
考え方を変えられる声かけを工夫《くふう》する

けんさんはもともとまじめで完璧主義《かんぺきしゅぎ》なところがあり、がんばりすぎてしまったようです。なので、「ここまでやれたらOK！」「まぁ。これでいいんじゃない」など、やわらかい考え方ができるよう、声かけを工夫しました。また、ストレスをためすぎないよう、サイクリングに行く、ヨガをするなど、気分転《きぶんてん》換《かん》の時間をつくるようにしました。

ぼくは、「ゼロ」か「100」みたいに極端《きょくたん》なところがあるから、「ほどほどに」とか「マイペースで」とか、そういう考え方ができるといいなって思うよ。

9

ありかさんの場合

自分の体を傷《きず》つけている？

2学期から転校してきたありかさんは、大人っぽくてミステリアスな雰囲気《ふんいき》。ちょっと魔女みたい。9月で、まだまだ暑《あつ》いのに長袖《ながそで》の黒い服ばかり着ているの。それに、髪の毛を抜いたり、爪のささくれをむしったり、おかしなクセが多い。手首をみせてもらったら、切り傷がいっぱいあった！　いったいどうしたんだろう？

近寄りがたい、ミステリアスな雰囲気だよね

夏休みが明けて6年1組に転校生がやってきました。黒いブラウスに黒いマキシスカートという個性的なファッションで、となりの席《せき》になったしのさんは興味津々《きょうみしんしん》。「よろしくね」と話しかけると、にっこりとほほえみかえしてくれました。

ありかさんには、おかしなクセがあるみたい……

ただ、少し気になることがあります。ありかさんは無意識《むいしき》なのかもしれませんが、授業中《じゅぎょうちゅう》ずっとぷちぷち髪の毛を抜いているのです。休み時間になって、トイレに行っている間《あいだ》にしのさんが確認《かくにん》すると、ありかさんの席のまわりには、ごそっと髪の毛がちらばっていました。

まわりの人が思うこと

この時期の転校生で、ちょっとわけありな感じ。うまくクラスになじんでくれるといいんだけど。

すごい量の髪の毛が落ちていたの。先生に言ったほうがいいのかな。

血が出ているけど、痛くないのかな……

ありかさんのクセはどうやらそれだけではないようです。ホームルームの時間には、一心不乱《いっしんふらん》に爪のささくれのところや指の皮をむしっているのを、しのさんが目撃《もくげき》。いたたまれず「血が出てるよ」と注意《ちゅうい》すると、ありかさんはハッと気づいて、恥《は》ずかしそうにうつむいていました。ありかさんの指の先は真《ま》っ赤《か》に傷ついていて、しのさんが思わず目をそむけてしまったほど、いたいたしい状態だったのです。

ありかさん。だいじょうぶかな。心配《しんぱい》……

放課後《ほうかご》、ありかさんのことが気になったしのさんは、「いっしょに帰ろうよ」と声をかけました。何か理由《りゆう》があるのかもと思ったからです。「ありかちゃん。学校には慣れた？」「なにか心配なことはない？」。あたりさわりのない話をしていたのですが、ありかさんはしのさんが自分のことを心配していることに気づいたようです。

手首にたくさん切り傷があった！

いきなり、しのさんに「わたしのヒミツを教えてあげようか」と、意味深《いみしん》なことを言ってきました。「だれにも言わないって約束《やくそく》してね」と、黒いブラウスの袖をめくります。あらわになったありかさんの手首には、カッターで切りつけたような無数《むすう》の切り傷が。しのさんは思わず「きゃぁっ」と小さな悲鳴《ひめい》をあげてしまいました。

あそこまでむしってると、すごく痛いと思うんだけど、ありかさんは平気なのかな。

変わった子だなぁと思ってたけど、おかしなクセがあるのは、何か理由があるんじゃないかなぁ。

ヒミツって言われたけど、心配すぎるよ。これって先生に伝えたほうがいいのかな。約束やぶっても、だいじょうぶなのかな……。

9 ありかさんの場合

なんでこうなるの？

ありかさんは、どう思っているのかな？

前の学校でいじめられていた……

わたしは前の学校で、ずっといじめられていたの。いじめがはじまったのは5年生くらいからかな。仲間はずれにされたり、「ばい菌」と悪口《わるぐち》を言われたり、モノをかくされたり、いろんないやなことがあった。それを忘れるために、気がついたら、髪の毛を抜いたり、指の皮をむしったりするクセがついちゃったの。

ふだんはかくれて、自分をいためつけている

「わたしなんて、ばい菌だし、生きていても意味《いみ》がない」「みんなから、きらわれている」と思うし、「死んだほうがいいのかな」ってずっと苦しんでいる。ふしぎなんだけど、自分をいためつけていると、気持ちが落ちつくの。ふだんはかくれてやっているんだけど、新しい学校に来て、緊張《きんちょう》していたみたい。ついつい、教室でやってしまった。

何か事情《じじょう》があるんじゃないかと思っていたけれど、いじめから逃れるために転校してきたのね。大変《たいへん》だったね。

自分のことを傷つけてしまうくらい、悩んでいたんだね……。

ありかさんには、こんな特徴《とくちょう》があるかも。

知っておきたい
自傷行為《じしょうこうい》

自分の体をくりかえし傷つける

頭をガンガンうちつける、自分の体を強くたたく、爪でひっかく、とがったもので刺すなど、自分の体を傷つけることを自傷行為といいます。

髪の毛を抜く抜毛症《ばつもうしょう》や、カミソリなどで手首を切るリストカットは、代表的な自傷行為です。

こころの中はつらい気持ちでいっぱい

ともだちとの関係がうまくいっていなかったり、いじめられていたり、なにか大きなストレスがありつらい気持ちをまぎらわすために、自分の体をいためつけるクセがついてしまいます。

ストレスをとりのぞかないかぎり、やめようとしてもやめられず、だんだんエスカレートしていくことがあります。

こころの病気が重なっている場合も

「自傷行為＝こころの病気」とはかぎりませんが、なかには、統合失調症《とうごうしっちょうしょう》、うつ病、摂《せっ》食《しょく》障害、境界性《きょうかいせい》パーソナリティ障害など、こころの病気が重なっていることがあります。

また、自傷行為をする子のすべてが、本気で「自殺したい」と思っているわけではありませんが、自殺につながる危険性もあるので、注意《ちゅうい》が必要《ひつよう》です。

だれかにSOSを出したかった……

やさしく声をかけてくれたしのちゃんなら、もしかしたら、わたしの気持ちをわかってくれるかもしれないって思ったの。「気持ち悪い」って思われたかもしれないけど、だれかにわたしが苦しんでいることを知ってもらいたかった。

傷をみたときはショックが大きすぎて、どうしたらいいのかわからなかった。わたしに何かできることがあるかなぁ。

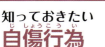

❾ ありかさんの場合

こうすれば、うまくいきそう！

1 気持ちを伝え、信頼できる大人に相談する

自傷行為はSOSのサイン。見つけたり、うちあけられたりしたら、見ないふりをしたり話をそらしたりするのではなく、じっくり話を聞きましょう。責めたりしかったりせず、「心配してる」「力になりたい」という気持ちを言葉《ことば》にして伝えることが大切《たいせつ》です。一人では対応《たいおう》できないので保健室の先生など、かならず信頼できる大人に相談しましょう。

しのちゃんが、話を聞いてくれたからうれしかった。そのあと「傷の手当てをしよう」って、保健室に連れて行ってくれたんだ。

2 体の傷のケアをする

自傷行為をする子は、自分のことを大切に思えない状態で、「自分の体を傷つけてもかまわない」と投げやりになっていることがあります。傷のケアをすることで、「あなたの体はとても大切」ということを伝えることができます。傷ついたこころをケアするつもりで、ていねいに傷の手当てをしましょう。

保健室の先生が「痛かったでしょう」「よくガマンしたね」って、とてもやさしく傷を手当てしてくれたから、思わず泣いちゃった。

CHECK POINT

みえている傷の背景《はいけい》にある、「みえない傷」もケアする

　自傷行為をする子は、こころに大きな傷をかかえています。その痛みを忘れたくて、体を傷つけてしまうのです。ですから、自傷行為を見つけた場合、おどろいたり、おこったり、しかったりするのはNGです。みてみぬふりをするのも、かえって自傷をエスカレートさせる可能性があります。

❶自傷行為に気づいたのに、みてみぬふりをしていないか。

❷話をよく聞かず、ただ「やめなさい」「どうしてそんなことをするの？」などと非難《ひなん》したり叱責《しっせき》したりしていないか。

❸自傷行為をやめさせることだけを目標にして、本人の気持ちや自傷行為をしてしまう理由をおざなりにしていないか。

❹SOSサインを受けとめ、じっくり協力《きょうりょく》する姿勢《しせい》を示しているか。

❺保健室や医師などと協力し、傷をちゃんと手当てできるようサポートしているか。

❻自傷行為のかわりになる方法を、いっしょに考えられているか。

3
自傷行為をやりたくなったときのかわりの方法を考える

本人にとって自傷行為は必要な手段なので、やめさせることだけを目標《もくひょう》にしても、解《かい》決《けつ》になりません。自傷行為にいたった理由やどんなときにやりたくなるのか、いっしょに考え整理《せいり》してみましょう。やりたい衝動《しょうどう》にかられたら、「何か（氷など）をにぎる」「紙を切る」「刺激《しげき》のある食べ物（ミントなど）を口にする」などかわりの方法を考えます。

「リストカットしたくなったとき、氷をにぎると気持ちが落ちつくらしいよ」って教えてもらったので、家でためしてみるね。

⑩ ありかさんの場合

おおげさな話や、つくり話をしてくる

3学期になって、すっかりクラスになじんだ様子《ようす》のありかさんだけど、ともだちになったしのさんに、とうてい信じることができないような妄想《もうそう》を話してくる。「ありえない」って否定《ひてい》すると、逆上《ぎゃくじょう》して泣いたり、おこったり……。しのさんもどうしていいのかわからなくて、困っているみたい。

ともだちになれて、よかったね♪

ありかさんとしのさんは、いっしょに登下校《とうげこう》し、おたがいの家に遊びに行くほど仲良くなりました。ありかさんはすっかりしのさんに気を許し、いろんな話をするようですが、しのさんには気になることがあるようです。

前の学校で、つらかったんだね……

ありかさんが「前の学校でいじめにあい、いじめから逃れるため転校してきた」という話は、ありかさんのお母さんからも聞いていて、うたがいようがない事実です。よほど苦しかったのでしょう。今でも泣きながら、しのさんに話すことがあります。

まわりの人が思うこと

ありかさんとしのさんがともだちになれて、よかったわ。

ときどき思い出して、泣いているから、よっぽどつらかったんだよね。かわいそう。

話がどんどん変わってきた……

けれども、だんだん話がおおげさになりストーリーが変わってきました。ありかさんは「わたしがアイドルにスカウトされたことを嫉妬《しっと》したのが、いじめのキッカケ」「いじめのリーダーだったみづきって子のお父さんは、警察《けいさつ》のえらい人」「いじめをマスコミに公表されたら大問題だから、わたしは転校させられた」などと言うのです。

それ、つくり話じゃないのかなぁ……

先週は帰り道に道路のむこうの通行人を指《ゆび》さし、「あの人、さっきからずっと尾行《びこう》してる」「スパイだよ」と言いはじめました。「しのちゃん。逃げよう！」と言うので「ありえないよー」と笑ったら、「しのちゃんは味方じゃないの？」とすごい剣幕《けんまく》でおこるのです。しかたなく、全力疾走《ぜんりょくしっそう》でわき道に入り、遠回りして家に帰りました。

妄想がふくらみすぎていて、信じられない……

昨日《きのう》は「大事《だいじ》な話がある」というので、帰り道にありかさんの家によりました。ありかさんのお母さんがココアを入れて持ってきてくれたのですが、お母さんが部屋を出たとたん、いきなり「飲んじゃダメ！」とありかさん。「あいつもスパイなのよ。ママに裏切られるなんて、ほんとにショック……」と、泣きじゃくりながら訴《うった》えます。「ココアに毒が入っている」と言うのですが、とうてい信じることができません。

アイドルにスカウトされたとか、マスコミに公表されたら……とか、ちょっと話が変わってきているの。

どうして、ありかちゃんがスパイに追いかけられるの？　どう考えても、ありえないよね。だんだんついていけなくなってきた。

ウソ泣きにはみえないし、ありかちゃんは本気みたいなんだけど、とても信じることができないよ……。

⑩ ありかさんの場合

なんでこうなるの？

ありかさんは、どう思っているのかな？

思いこみがはげしいのかも……

前の学校にいたとき、「ともだちがみんな自分の悪口《わるぐち》を言っている」「ネットでも悪口を書かれている」「先生もグル」「みんな敵だ」と思いこんで、こわくて登校できなくなった。お風呂にも入らず、ご飯も食べず、カーテンを閉めた部屋にひきこもったことがあるの。

悪魔《あくま》のささやきが聞こえる

せっかく新しい学校生活に慣れてきて、しのちゃんというともだちもできたのに、またどれかがワナをしかけてきているみたい。「おまえを殺す」っていう悪魔のささやきが聞こえたり、「ワナだ！　逃げろ！」というサポーターの声が聞こえたりする。信じてもらえないかもしれないけど、本当なの。

「だれにもわかってもらえない」という気持ちが、ありかさんを追いつめたのかもね。

勝手《かって》につくり話をしているわけじゃなくて、ありかちゃんには本当にだれかの声が聞こえているんだね。

感情がコントロールできない

頭の中にいろんな考えが浮かぶと、急に気持ちが高ぶって「うわーーーーっ」てなる。この間《あいだ》は、ミルクの中にうじゃうじゃ虫が入っているように見えて、カップを投げて割ってしまった。お母さんに「落ちついて。よく見てごらん」ってしかられたけど、自分ではコントロールできないの。話しはじめると止まらなくなったり、自分でも本当のことなのか、つくり話なのかよくわからなくなったりする。

信じられないようなことをベラベラ話してくるから、「うそつきなのかな」って思ってたけど、うそをついてるつもりはないんだね。

ありかさんには、こんな特徴《とくちょう》があるかも。

知っておきたい

パーソナリティ障害
統合失調症《とうごうしっちょうしょう》

人の関心をひく演技性《えんぎせい》の障害

泣いたり、つくり話をしたり、さわぎを起こしたりして人の注目《ちゅうもく》をひく行動が目立つ場合は、演技性パーソナリティ障害かもしれません。芝居《しばい》がかった態度をとったり、つくり話をしてきたり、「あなただけが味方」「親友」などと親密な関係を求めてきたりすることも特徴《とくちょう》のひとつです。

ごくまれに、子どもの統合失調症もある

また、いつもなら気にならないことが気になったり、聞こえないはずの声が聞こえたり、思いこみがはげしくなったり、気持ちが高ぶったり凹《へこ》んだりはげしくゆれ動くのは、統合失調症の可能性があります。

10代後半から20代で症状《しょうじょう》があらわれる場合が多いのですが、まれに10代前半でも発症《はっしょう》します。

専門のお医者さんでも区別しづらい

子どもの統合失調症なのか、パーソナリティ障害なのか、自閉スペクトラム症（ASD）の特性が強く出ている状態なのかということは、専門のお医者さんでも区別しづらいといわれています。

ただし、症状が重くなるとなおりにくくなってしまうので、生活に支障《ししょう》がある場合は、早めにお医者さんに相談しましょう。

⑩ ありかさんの場合

こうすれば、うまくいきそう！

1
ウソだと決めつけず話を聞く

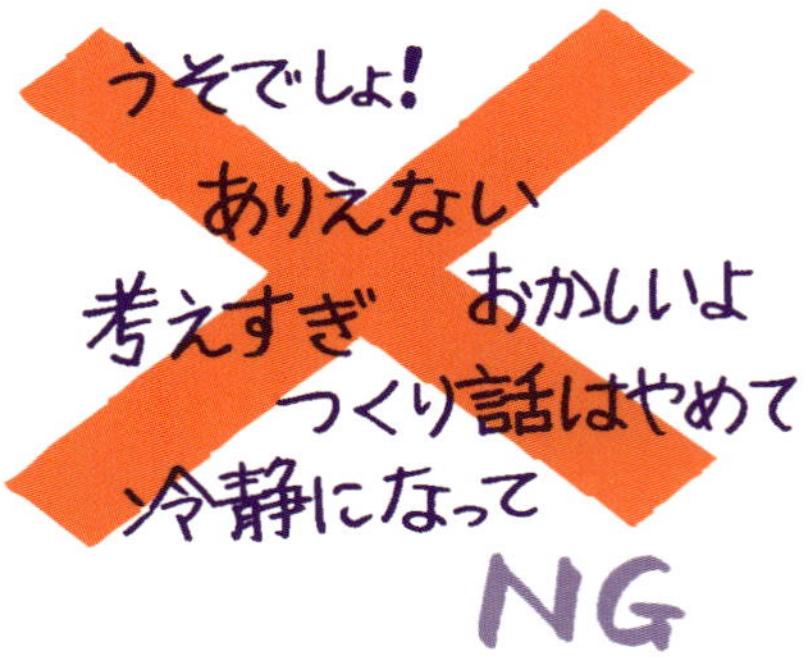

ありかさんの心の中は不安でいっぱいで、気持ちが高ぶっているときは本当に「殺される」と思っているのです。とても信じられないことを言ってきても、「うそー」「ありえない」「おかしいよ」などと否定するのではなく、話を聞くことにしました。

ママに「どうしてウソばかりつくの！」ってしかられて悲しかったから、話を聞いてもらえてうれしかった。

2
大人にも相談し、協力《きょうりょく》を求める

急に泣きだしたり、おこったり、あきらかにありかさんの気持ちは不安定になっています。こんなときは大人の協力が不可欠《ふかけつ》なので、しのさんは担任《たんにん》の先生と保健室の先生に相談しました。三者面談《さんしゃめんだん》を行い、ありかさんはお医者さんに診てもらうことになりました。

「わたしは病気なんかじゃない」って思っていたけど、「こころがつかれているのかもしれないよ」って、保健室の先生に言われたの。

CHECK POINT

落ちつきをとりもどせるよう ゆっくり、じっくり、かかわる

こころのバランスがくずれ、いつものようにものごとを考えられなくなってしまっているときに、その子の言動を「おかしい」「うそつき」などと否定しても、うまくいきません。

本人が安心して、落ちつきがとりもどせるよう、ゆっくり話を聞き、いたわりの気持ちをもってかかわりましょう。

❶おかしな話をしてきたとき、「ありえない」「ウソ！」などと全否定していないか。

❷気持ちが高ぶって泣いたりおこったりしているときに、じっくり落ちついて話を聞いているか。

❸はげしい感情の波にふりまわされないよう、まわりの大人が協力し、クラスのサポート体制をつくっているか。

❹症状が重たい場合など、専門の医療機関《いりょうきかん》など連携《れんけい》できているか。

3 負担《ふたん》にならないようかかわる

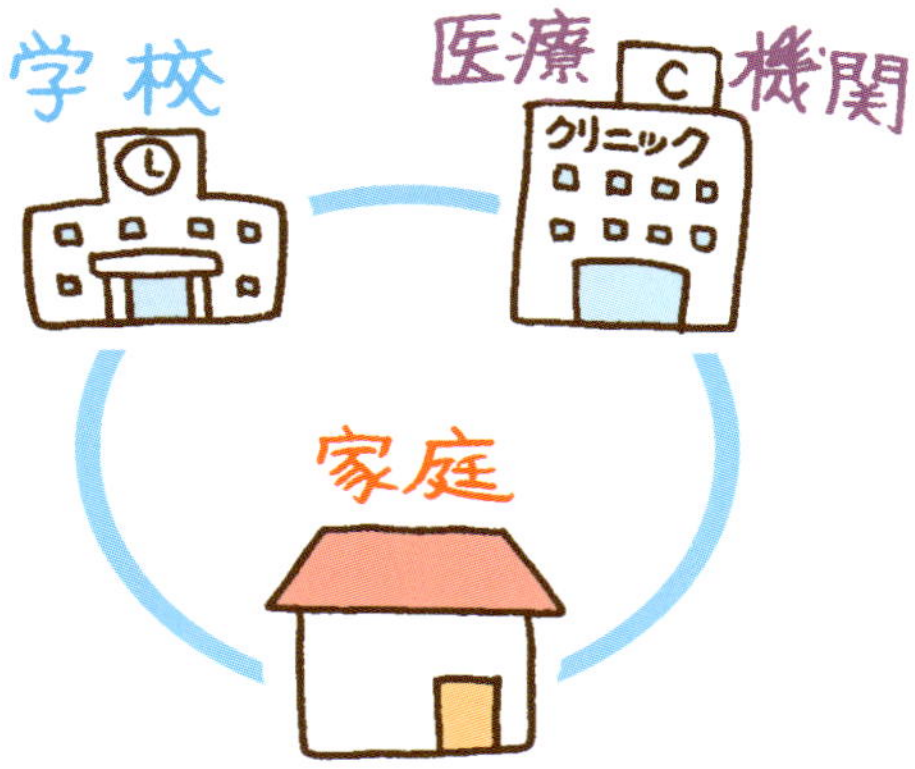

病気だった場合、回復《かいふく》するまでには時間がかかるかもしれません。いたわりの気持ちをもって接することは大切《たいせつ》ですが、つくり話や思いこみ・はげしい感情の波にふりまわされて、まわりがつかれてしまわないように注意《ちゅうい》しましょう。家族・学校・お医者さんなどでスクラムをくみ、負担になりすぎないよう協力できるといいですね。

興奮《こうふん》してものを投げたり、おこったり、泣いたりしてごめんなさい。お医者さんにも話を聞いてもらえて、少し落ちついてきたよ。

⑪ かずとさんの場合

なかなか登校《とうこう》できず、教室に入れない

かずとさんは不登校歴3年。入学式には来ていたけど、そのあと一度も顔を見てない。先生に言われて、家まで迎えに行ったときも、会ってもらえなかった……。ときどき、お母さんといっしょに学校に来ているらしいけど、教室には入れないんだって。どうして学校に来ないんだろう。べんきょうがきらいなのかな?

かずとさんは、まぼろしのクラスメート

3年1組のかずとさんは、1年生のときからずっと不登校……。とくに体が悪いわけでもないのに、入学式に出て以来《いらい》、一度もクラスメートとは顔をあわせていません。家が近所で同じクラスのゆたかさんは、かずとさんが学校に来ないことを、ずっと心《しん》配《ぱい》しています。

家にお迎えに行ったけど……

1年生のころは、何度《なんど》か朝、お迎えにも行ったのです。お母さんが「お迎えに来てくれたよ」「ほら！ 早くしたくしてー」と声をかけますが、かずとさんは姿を見せてくれませんでした。

まわりの人が思うこと

家が本当にすぐ近くだから、ともだちになれるといいなぁって思っていたんだ。

なかなか学校に来ないから、先生に言われて、お迎えに行ったんだ。顔も見せてくれないなんて、ショック……。

家に行くのは迷惑《めいわく》なのかなぁ……

お母さんが「せっかく来てくれたのに、ごめんね」とあやまるけれど、かずとさんは顔すら出してくれないので、ゆたかさんはお迎えをやめました。それからもときどきプリントなどを届けていたのですが、最近《さいきん》忙しくなり、足が遠のいています。

どうして、教室には入れないの？

ゆたかさんのお母さんからの情報《じょうほう》によると、かずとさんはときどき、お母さんといっしょに職員室に登校しているよう。ゆたかさんのお母さんが仕事に出勤《しゅっきん》する途中《とちゅう》で、お母さんと手をつないで歩くかずとさんを見かけたそうです。学校に来ても職員室で先生と話すだけで、教室に入ることはできないらしいのです。

声をかけたのに、ムシされたー！

先週、ゆたかさんは親戚《しんせき》の法事で学校を早退することになりました。通学路を進んでいると、かずとさんのお母さんが歩いてきて、やせっぽちでうつむきかげんの小柄な男の子と手をつないでいたので、思わず「かずとさん！」と声をかけました。お母さんは「ああ。こんにちは」とあいさつをかえしてくれたのですが、かずとさんはゆたかさんを目にしたとたん、けわしい表情でフリーズ。お母さんのうしろにかくれてしまいました。ゆたかさんは「声をかけたのが悪かったのかなぁ」と、凹《へこ》んでいます。

いやがられているみたいだから、行きづらくなっちゃったよ。

もう3年生なのに、職員室もお母さんといっしょじゃなきゃ入れないんだ。もう少し親離れしてほしいな。お母さんも甘やかしすぎなんじゃないかな。

あいさつしたのに、よっぽど、ぼくのことがきらいなのかなぁ……。

なんでこうなるの？

かずとさんは、どう思っているのかな？

お母さんとはなれるのがこわい……

「お母さんが死んじゃったらどうしよう」「お母さんがいないときに、悪いことが起きるんじゃないか」とか、いやな想像《そうぞう》ばかり浮かんで不安になる。だから、お母さんが買い物にいくときもついて行くし、家の中でもお母さんにべったりとくっついている。

家族以外の人と話すのが苦手

それに、ものごころついたときから人見知《ひとみし》りで、知らない人と話すのが苦手。お母さんがついてきてくれたから入学式には行ったけど、はじめて会う人がいっぱいいて、すごく緊張《きんちょう》した。話しかけられても、しどろもどろで言葉《ことば》がぜんぜん出てこなかったんだ。学校なんか二度と行きたくないって思っていたけど、お母さんに「みんな行ってるんだから、少しはがんばって」って言われて、ときどき職員室に通っている。

ぼくもお母さんは大好きだけど、ともだちといるのも楽しいよ。

1年生の最初《さいしょ》は、ぼくも緊張したけど、今はともだちがたくさんできたよ。

かずとさんには、こんな特徴《とくちょう》があるかも。

知っておきたい
分離《ぶんり》不安症
社交不安症
全般《ぜんぱん》不安症

不安が強く、親から離れられない

子どもが親から離れることに不安やおそれを抱《いだ》くことはよくあることですが、それが極《きょく》端《たん》に強く、長く続く場合は、分離不安症の可能性があります。

「親が死んだらどうしよう」「事故にあったら」など、悪い想像ばかりしてしまう不安症のひとつで、不登校やひきこもりの原因《げんいん》になります。

話すことが苦手で、さけようとする

人とコミュニケーションをとることに不安が強く、できるだけ人と会うことをさけようとするのは社交不安症（社交恐怖）かもしれません。

人と話すと緊張のあまり、顔が赤くなったり、手がふるえたり、汗をかいたり、気分《きぶん》が悪くなったり、体の不調があらわれることもあります。

いつも不安で、心配《しんぱい》ばかりしてしまう

不安症には、そのほかにもいくつかのタイプがありますが、特別《とくべつ》な状況や場面にかぎらず、いつも不安で心配しすぎてしまう場合は、全般不安症といいます。

笑われるんじゃないかと不安になる

どうせ、ぼくはうまく話せないし、「笑われるんじゃないか」「おかしいと思われる」と不安になるから、ぜったい教室には入りたくないし、クラスメートとも会いたくない。ゆたかさんと会ったときも、話すのがこわくて思わずムシしてしまった……。

笑ったりしないし、本当にかずとさんと仲良くなりたかったんだよ。どうしたらともだちになれるのかな？

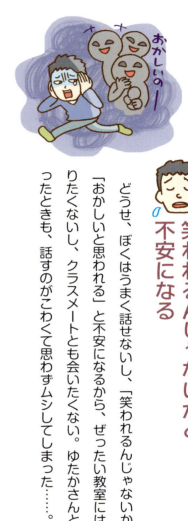

⑪ かずとさんの場合

こうすれば、うまくいきそう！

1 専門家に相談する

かずとさんの不安は極端に強く、学校に行くと「恥《はじ》をかく」「恥《は》ずかしい思いをする」「仲間はずれにされる」「迷惑をかける」など、ありとあらゆる悪い想像をしていました。ともだちや先生と話すことにも、抵抗感《ていこうかん》をもっていたので、まずは、スクールカウンセラーなどの専門家に相談してみることにしました。

スクールカウンセラーの先生は、とてもやさしい人だったから、お母さんと話すみたいに、緊張しないで話せたよ。

2 ペースを守り、エネルギーを充電《じゅうでん》

かずとさんは「学校に行けない自分は弱虫だ」「ダメな人間」と自信《じしん》をなくし、どんどん不安になる悪循環《あくじゅんかん》にはまっています。なので、「学校に行きなさい」と登校をうながすのはやめて、まずは、できるだけリラックスさせ、好きなことや楽しいことに熱中《ねっちゅう》し、心にエネルギーをためることを優先《ゆうせん》することにしました。

「今は無理《むり》して、学校に行かなくてもいいんだよ」って言ってもらえて、ホッとしたんだ。しばらくは、大好きな動物や昆虫の図鑑を読んですごしても、いいかな。

CHECK POINT

プレッシャーをかけても、不安ばかりで効果《こうか》がない

行動を起こせないほど不安が強くなっているときに、「がんばれ」とはげましたり、「みんな学校に行っている」などとプレッシャーをかけたりしても、効果がありません。まずは、安心《あんしん》できる環境で、ストレスや不安をやわらげ、エネルギーをためることを優先しましょう。

❶「親とはなれること」「外出すること」「人と話すこと」など、本人が何に不安を感じているのかを、家族やまわりが把握《はあく》できているか。

❷不安をとりのぞいたり、軽くしたりする努力《どりょく》をまわりがおこなっているか。

❸好きなことや趣味《しゅみ》に取り組むなど、不安から気持ちを切りかえることができる機会をつくっているか。

❹不登校になってしまっている場合、本人と家族が孤立してしまわないよう、家庭訪問、電話連絡《れんらく》などをおこなっているか。

3
孤立《こりつ》しないよう、交流の機会《きかい》をつくる

ゆたかさんは担任《たんにん》の先生と相談し、ともだちとローテーションを組んで、週に一度、テストやプリントを届けることにしました。最初は、かずとさんが緊張しないように、お母さんもいっしょにいてもらい、学校であったことを報告します。かずとさんが登校できたときには、ゆたかさんたちクラスメートも、職員室に顔を出すことにしました。

まだまだともだちと話すことはできないけど、クラスメートの顔はおぼえたよ。いつも、ありがとう。

12 かずとさんの場合

ささいなことで、急に泣き出す

2学期になって、なんとか登校《とうこう》できるようになったかずとさんだけど、あいかわらず不安のタネはつきないみたい。この間《あいだ》、クラスメートがケンカして、先生が「しずかに！」って大きな声で注意《ちゅうい》しただけで、なぜかしくしく泣き出しちゃった。かずとさんがおこられたわけでもないのに……。先生の声が、そんなにこわかったのかな？

登校できるようになって、よかったけど……

以前は教室に入ることすらできなかったかずとさんですが、2学期になってお母さんのつきそいがあれば学校に来て、教室にも入ることができるようになりました。今は週に一度か二度は、みんなといっしょに授業《じゅぎょう》を受けています。

お母さんがいないと不安なのかな

けれども、なかなかクラスになじめず、いつも不安そうな様子《ようす》でオドオド……。先生もゆたかさんも気にかけているのですが、かずとさんはお母さんがいないと心細いらしく、授業中も何度《なんど》もふりむいて、教室の後ろにいるお母さんの姿を確認《かくにん》しています。

まわりの人が思うこと

教室に入れるようになって、よかったよね。ときどき休み時間にアニメやゲームの話もするんだよ。

3年生だけど、お母さんといっしょじゃなきゃ、授業が受けられないんだって……。

せいやさんと、のぶさんが、大ゲンカ！

昨日《きのう》のお昼休み。いつもは仲がいいせいやさんとのぶさんが、ちょっとしたことで言いあらそい。「いいかげんにしろ」「おまえこそ！」チャイムが鳴っても収まらず、のぶさんがせいやさんにつかみかかります。かずとさんも心配《しんぱい》そうに二人を見ていました。「アホ！」「死ね！」とヒートアップする二人に、まわりのみんなもざわざわ。

急に泣き出すなんて、何が悲しいの？

教室に入って来た先生が、「しずかに！」「ケンカはやめろ！」と、いつになく大きな声で注意します。二人はしぶしぶ席《せき》に着き、5時間目の授業がはじまりました。だけど、なぜか、かずとさんがしくしく泣きはじめます。となりの席のゆたかさんが「どうしたの？」と聞いても、つらそうに「うっ。うっ」と嗚咽《おえつ》をもらすだけ。先生も「だいじょうぶか？」と声をかけますが、かずとさんは泣き続けます……。

また、学校に来なくなっちゃったよ……

結局《けっきょく》、かずとさんが泣いている理由《りゆう》はわからず、その日は、お母さんに連れられて早退することになりました。そして、次の日も、その次の日もかずとさんは学校にあらわれませんでした。ゆたかさんが家にお迎えに行っても姿を見せてくれないので、また不登校になってしまうのではないかと、先生もお母さんも心配しています。

たちまち怒鳴《どな》り合いの大ゲンカになっちゃったから、かなりヒヤヒヤしたよね。かずとさんも二人のケンカを心配そうに見ていたよ。

先生が大きな声でおこったから、泣いちゃったのかな？　ちょっとこわかったけど、かずとさんがおこられたわけじゃないし……。

また登校できなくなってしまった原因《げんいん》が思いつかないんだけど、あの二人のケンカが関係しているのかな。

⑫ かずとさんの場合

なんでこうなるの？

かずとさんは、どう思っているのかな？

悲しかったことが忘れられない

病気で死んじゃったぼくのおじいちゃんは、すごく大きな声で怒鳴る人だったんだ。調子が悪いとイライラして、「子どもの声がうるさい！」「だまらせろ」と、お母さんのことをおこるから、ぼくのせいで、最後《さいご》までケンカが絶えなかった。男の人が大きな声で怒鳴るのを聞くと、おじいちゃんを思いだして、すごく、悲しくなっちゃうんだ。

つらいことが夢に出てきて、うなされる

今でもよく、おじいちゃんがものすごくこわい顔で怒鳴っている夢をみるよ。あと、どんどんやせて、「痛い、痛い」って苦しんでいたことや、血を吐いたときのことが夢に出てきて、うなされる。おじいちゃん。何もしてあげられなくて、ごめんなさい。

かずとさんは、男の人の怒鳴り声が苦手だったのかー。そういえば、耳をふさいでることがあるよね。

おじいちゃんの思い出は、悲しい思い出が多いんだね。夢にまで出てくるなんて、かわいそう。

かずとさんには、こんな特徴《とくちょう》があるかも。

知っておきたい

心的外傷後《しんてきがいしょうご》ストレス障害（PTSD）

つらい体験で、こころが傷《きず》ついている

ひどくつらい体験やこわい思いをしたことで、こころに大きな深い傷（トラウマ）ができてしまうことがあります。PTSDといわれており、地震などの災害・事故・火事をはじめとして、虐待《ぎゃくたい》・暴力行為《こうい》・病気・身近《みぢか》な人の死なども原因になります。

つらい体験を思い出してしまう

つらかった経験をしょっちゅう思い出し、頭からはなれなくなり、いつも不安が消えずビクビクしています。その体験に関係するものを見たり、聞いたりするだけで、とたんにはげしい感情がわきおこり、泣いたりパニックを起こしたりします。

睡眠《すいみん》・覚醒《かくせい》障害の背景《はいけい》にあることも

くりかえし同じ夢をみたり、うなされたりすることで、眠るのがこわくなり睡眠・覚醒障害になる場合があります。

また、うつ病、パニック症・分離《ぶんり》不安症・全般《ぜんぱん》不安症などの背景にPTSDがあることも、めずらしいことではありません。

あれこれ考えていると、眠れなくなる

こわい夢をみるのもいやだし、「ぼくのせいでおじいちゃんは早く死んじゃったんじゃないか」とか、「ぼくがいなければお母さんとおじいちゃんは仲良く暮らせていたんじゃないか」とか、いろいろ考えていると眠れなくなる。眠りが浅いから、朝も起きられなくて、ずーっとぼーっとしているんだ。お母さんの心配そうな顔を見ているのも、つらいよ。

不安が強くて、お母さんとはなれられないのは、何か理由があると思っていたけど、かずとさんは大きな悩みを抱えていたんだね。

⑫ かずとさんの場合

こうすれば、うまくいきそう！

1 つらかった話をまずは聞く

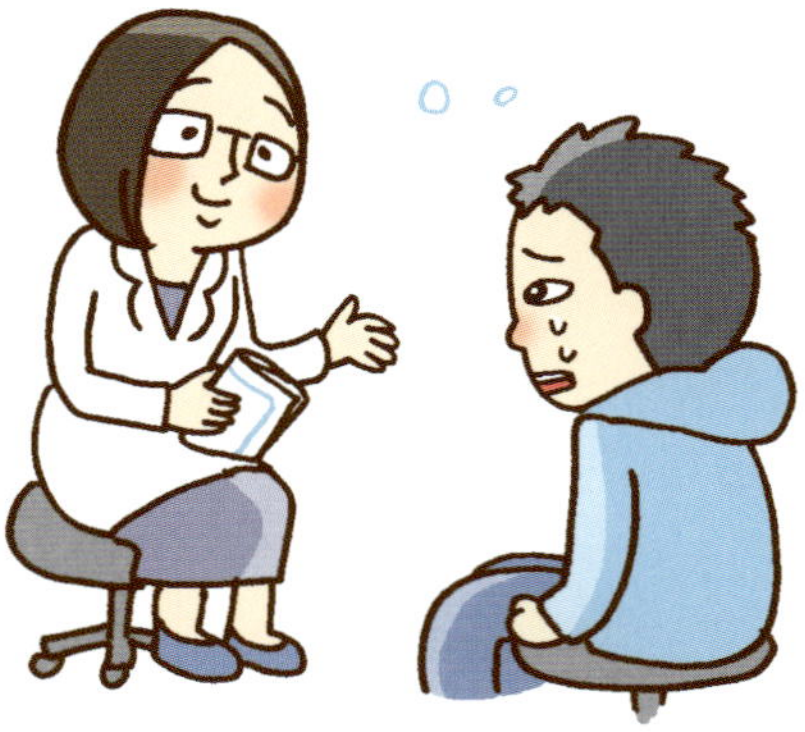

おじいさんの死はかずとさんにとって、受けとめられないほどショックなできごとでした。こころに深い傷を受けたかずとさんは、わるい考えにとりつかれ、自分を責めています。まずは、傷がこれ以上深くならないよう、ゆっくり話を聞き、おじいさんが病気で死んでしまったことは、かずとさんのせいではないことを伝えました。

心配させたくなくて、お母さんにも話せないでいたから、カウンセラーの先生に話せて、ホッとした。

2 パニックの原因を整理《せいり》する

大きな声、怒鳴り声、ケンカ、救急車のサイレン……など、かずとさんがどんなときにいやなことを思いだすのか、話しながら整理しました。かずとさんが教室で安心《あんしん》してすごせるよう、できるだけ大きな声を出さないよう、みんなで協力《きょうりょく》することにしました。

まだ不安だけど、先生が「大きな声は出さないようにするね」って、言ってくれたよ。

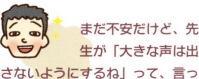

CHECK POINT

安心できる環境《かんきょう》があれば本人のペースで回復《かいふく》していく

PTSDになってしまった場合でも、時間がたてば回復していきます。一方で、PTSDがきっかけで不登校やひきこもりになってしまうリスクもあります。学校や教室で、安心してすごせるよう、みんなの協力が大切《たいせつ》です。

❶子どもの落ちつかない行動の理由に、つらい体験やおそろしい体験による深いこころの傷が、ひそんでいないか。

❷本人のつらい気持ちや悩みを、相談できる大人がまわりにいるか。

❸「自分のせいで」「ぼくが悪い」と、自分を責めたり、自信《じしん》をなくしていないか。

❹まわりの大人が、本人のトラウマに関係するいやな場面や苦手なことを把握《はあく》できているか。

❺いやな思い出を忘れて、本人が元気になることができるような、楽しい時間や、わくわくする計画があるか。

3
元気になれる方法を考える

時間がたてばいやな思い出もだんだんとうすれていき、こころの傷もなおっていくものです。そのためには、楽しいことやウキウキすることが必要《ひつよう》です。どうやったら元気になれるのか、いっしょに考え、かずとさんが好きな小鳥を飼うことにしました。

自分がどうしたら楽しく元気になれるか……、なんて、考えたことがなかったんだ。小鳥を飼うことを考えたら、少しわくわくする。

3年生　くるみさん

- 極端《きょくたん》に心配性《しんぱいしょう》でいつも不安
- 緊張《きんちょう》するとパニックを起こす
- 決まったともだちとだけ話す
- 教室では口を開こうとしない
- 音読であてられても読めない

6年生　しんやさん

- ずっとゲームに夢中《むちゅう》
- ゲーム以外のことがおろそか
- 睡眠《すいみん》のリズムが乱れている
- イライラしていてキレやすい
- やる気が出ずにいる

6年生　まほさん

- とっても体が弱い
- よく立ちくらみを起こす
- 腹痛に悩んでいる
- やせているのにダイエット
- 食べたものを吐いていた

この本に出てくる６人のおともだちの、特徴《とくちょう》をふりかえってみよう！

5年生　けんさん

- けっぺき症できれい好き
- ずっと手を洗っている
- 消毒しなくちゃ気がすまない
- 急に、元気がなくなってきた
- 人が変わったようにぼんやり

6年生　ありかさん

- 髪の毛を抜く、爪をむしる
- 自分を傷《きず》つけるクセがある
- ありえないつくり話をする
- ウソをついている自覚《じかく》はない
- 感情の起伏がはげしい

3年生　かずとさん

- お母さんとはなれられない
- 学校に来ても教室に入れない
- ともだちと話すのをこわがる
- いつも不安でオドオド
- 急に泣き出すことがある

第2章
もっと知りたい！ みんなで楽しく すごすために

こころが病気になるって、
いったい、どういうことなのでしょうか？
病気になると、どんな症状《しょうじょう》があらわれるのでしょう？
もし、こころの調子が悪くなったときにも、
みんなで助け合い、仲良くできるように、
こころのことを、しっかりと知っておきましょう。

1 知ってほしいな。こころの不調・病気（精神疾患《せいしんしっかん》）のこと

こころの不調・病気ってなに？どんな状態なの？

「こころ」は目に見えません。なので「こころの不調・病気」といってもイメージしにくいかもしれませんね。実《じつ》は、こころの働《はたら》きには脳《のう》が関係しています。たとえば胃腸《いちょう》の調子が悪くなることで下痢《げり》などの状態になるのと同じように、脳の働きがうまくいかなくなり、生活に困りごとができてしまう状態を「こころの病気」「精神疾患」などといいます。

こころの病気になる原因《げんいん》はわかっているの？

脳は100億を超える神経細胞《しんけいさいぼう》のネットワークを使い、ものを考えたり、気持ちを整理《せいり》したり、感情をコントロールしたり、さまざまなこころの働きを管理しています。

この脳のネットワークの不調が、こころの病気の原因です。どうして調子が悪くなってしまうのか、はっきりとわかっていませんが、体質《たいしつ》や遺伝《いでん》などいくつかのことが関係していると考えられています。いじめ・家族やペットとの死別・親からの虐待《ぎゃくたい》・災害や事故など、脳がうまく処理しきれないくらい大きなストレスが不調のきっかけになることがあります。

どんな人が、こころの病気になりやすいの？

日本でこころの病気になる人は年間300万人以上。5人に1人という割合なので、実はとても身近《みぢか》な病気です。性格、年齢などにかかわらず、だれでもこころの病気になる可能性があります。

けれども、とくにASD・ADHD・LDなど発達障害《はったつしょうがい》の人たちは生まれつきの脳の特性や、そこから生まれる「生きづらさ」から、こころの病気になりやすいことが知られています。発達障害のある人がこころの病気になってしまう場合を「二次障害」とよぶことがあります。

思春期《ししゅんき》になると、発達障害の子はこころの病気になりやすいの？

思春期は大人になる準備《じゅんび》をする時間。だれでも不安になったり、悩んだり、心配ごとで眠れなかったりしますが、それは大人になっていく過程《かてい》での自然《しぜん》な反応《はんのう》です。症状《しょうじょう》があらわれても生活に困っていなければ、すぐに「病気だ！」とあわてることはありません。ほとんどの場合は、悩みを少しでも軽くする方法を考えたり、じゅうぶん休んだりすることで、調子をとりもどすことができます。

ただし、不安が強く、気持ちのきりかえがむずかしいタイプの発達障害の子の場合、大人の扉《とびら》を開けて一歩前に進むことは、たやすいことではありません。ストレスの荒波にさらされ、調子をくずす危うさがあることを、まわりの大人が知っておく必要《ひつよう》があります。

こころの病気はずっと続くの？それとも、なおるの？

気になる症状は、子どものSOSです。こころが悲鳴をあげている状態なので、まずは、ゆっくり休ませることが大切《たいせつ》。まわりの大人が早めに気づき、相談にのり、悩みやストレスを減らす方法を考えることでよくなる場合もあります。ただし、「学校に行けない」「眠れない」など生活に困るほど症状が重かったり、気になる症状が長く続く場合は、カウンセラーや専門のお医者さん（児童精神科医）に相談しましょう。病気の種類や症状によって治療法が異なり、回復にかかる時間もちがいますが、ちゃんとケアすれば必ずよくなります。

主《おも》な発達障害とその特徴《とくちょう》

■自閉スペクトラム症（ASD）
知的障害をともなう人からともなわない人まで幅広く、社会性の獲得やコミュニケーションのとり方に独特の特性がみられる。

■注意《ちゅうい》欠如《けつじょ》・多動症《たどうしょう》（ADHD）
行動・感情のコントロールがむずかしく、じっとしていられなかったり、結果を考えず動いてしまったりする。忘れものが多い、集中できないなど不注意が目立つタイプもいる。

■学習障害（LD）
知的な遅れはないけれど、主に「聞く・話す・読む・書く・計算する・推論する」といった力にばらつきがあり、勉強でつまずきやすい。

※そのほか、チックやトゥレット症候群、吃音（症）などが、発達障害にふくまれる。

2 こころの病気には、どんな特徴《とくちょう》や症状《しょうじょう》があるの？

こころの病気になると、元気がなくなったり、イライラしたり、さまざまな症状があらわれます。あらわれ方は一人ひとりちがい、体の調子が悪くなることもあります。また、同時にいくつかの病気になることもあるので、どんな特徴や症状があるのかを知っておきましょう。

■うつ病

いやなことばかり考えてしまい、元気がなくなり、気持ちが不安定になります。食欲がなくなったり、眠れなくなったり、集中することや決めることができなくなり、やる気も出なくなります。頭痛や腹痛などをともなうこともあります。

これらの症状がほぼ毎日、2週間以上続いている場合に、うつ病と診断《しんだん》されます。

症状が重たくなると「自分には生きる価値がない」「死にたい」という考えにとりつかれることがあり、自殺の危険もあるので注意《ちゅうい》しなければなりません。入学・卒業などの環境《かんきょう》の変化やストレスもきっかけになるため、思春期《ししゅんき》の子どもたちに増えているといわれています。

■双極性障害《そうきょくせいしょうがい》（そううつ病）

気分がしずむ「うつ状態」と、ハイになる「そう状態」をくりかえす病気です。そう状態のときは、おしゃべりになり、すばらしいアイデアがあふれるようにわいてきます。急に活動的になりますが、集中力が続きません。「超能力がある」「芸能人になる」など誇大妄想的《こだいもうそうてき》になり、自分勝手《かって》な行動をとることで、まわりをふりまわすことがあります。

一方《いっぽう》、うつ状態になると、人が変わったように元気がなくなり、ふさぎこみます。一晩《ひとばん》のうちに、急にそう状態になることもめずらしくありません。リストカットなどの自傷行為《じしょうこうい》をくりかえす、はげしい症状があらわれることもあります。

■不安症／パニック症

だれでも不安になることはありますが、「戦争が起きたら」「事故にあうのでは……」など、実際《じっさい》には予測《よそく》できないことについて悪い想像《そうぞう》ばかりふくらませ、外出がこわくなったり、ふだんの生活ができなくなるような状態を不安症といいます。イライラして落ちつきがなくなり、集中したり考えたりすることができなくなり、少しのことで過敏《かびん》に反応《はんのう》し、また不安になるという悪循環《あくじゅんかん》におちいりがちです。おなかや頭が痛くなったり、眠れなくなることも少なくありません。

「きらわれてしまう」などと考えすぎて人との関係がこわくなる「対人恐怖症《たいじんきょうふしょう》」や、不安が強くなることで呼吸困難《こきゅうこんなん》・吐《は》き気《け》などのパニック発作《ほっさ》を起こしてしまう「パニック症」なども不安症のひとつです。パニック症になると「発作が起きたらどうしよう」という不安から、電車やバスにのれなくなったり、外出できなくなったりする人もいます。

■強迫症《きょうはくしょう》（OCD）

不安症のひとつで、不潔《ふけつ》なことが心配《しんぱい》で何度《なんど》も手を洗う、自分が決めたルール（歩くときは右足からなど）にこだわる、カギがしまっているかどうかを何度も確認《かくにん》するなどの強迫症状があらわれます。強迫症状には、いやな考えが頭からはなれなくなる「強迫観念《かんねん》」と、その考えを打ち消すために「〜しなければならない」と思いこんで行動する「強迫行為」があり、ストレスによって悪化《あっか》することが知られています。

思春期にASDのこだわりがエスカレートし、目立つようになるケースもあります。ASDのこだわりなのか、強迫症状なのかの判断は専門家でもむずかしい場合があります。

■心的外傷後《しんてきがいしょうご》ストレス障害（PTSD）

災害、事故、暴力や虐待《ぎゃくたい》などによる大きなショックや強いストレスが、こころの傷《きず》（トラウマ）として残り、症状をひきおこす病気です。とつぜんつらい体験を思い出し（フラッシュバックし）、感情が不安定になり、パニックになったり泣いたりおこったりしてしまいます。いやな記憶がよみがえっていないときでも不安にさいなまれ、イライラしたり、ささいなことで傷ついたり、めまいや頭痛などが続きます。

とくにASDの人は、ストレスに過敏だったり、気持ちをきりかえることが苦手だったり、いやな記憶が残りやすいため、PTSDになりやすい傾向《けいこう》があるようです。

ストレスとなるできごとがあってから数週間で症状があらわれることが多いのですが、何年もたって症状が出ることもあります。半数以上がうつ病、不安症などを合併《がっぺい》します。そのほか、摂食障害《せっしょくしょうがい》をともなうこともあります。

■適応《てきおう》障害

学校などの生活の場にうまくなじむことができず、さまざまな症状があらわれてしまう状態を適応障害といいます。本人が受けとめられないほど強いストレスが原因《げんいん》になり、まわりが気づかずそのまま放《ほう》っておくと、不登校《ふとうこう》やひきこもりになってしまうことも少なくありません。

適応障害は、まず原因となっているストレスを軽くすることが大切《たいせつ》なので、場合によっては、しばらく学校を休みエネルギーをチャージする選択《せんたく》もあるでしょう。不安や悩みが大きい場合は、カウンセリングを受けるなどし、気持ちを落ちつかせたり、不安の原因をとりのぞくサポートが必要《ひつよう》です。

■睡眠《すいみん》・覚醒《かくせい》障害

眠れなくなる「不眠症《ふみんしょう》」、だらだらと寝てしまう「過眠《かみん》症《しょう》」のほか、眠っているときに無意識《むいしき》のまま立ち歩く「睡眠時遊行症《ゆうこうしょう》」、とつぜん起きて叫《さけ》び声をあげたり泣きわめいたりする「睡眠時驚愕症《きょうがくしょう》」などが知られています。ASDやADHDの子が眠れなくなり、昼夜逆転《ちゅうやぎゃくてん》などに悩まされることは、めずらしいことではありません。とくにホルモンバランスが乱れる思春期には注意が必要です。リスクを知ったうえで、できるだけ日中、体を動かし、決まった時間に起きるなど、睡眠のリズムを整えられるよう心がけましょう。

■かんもく

どこでもだれとも話すことができない「全《ぜん》かんもく」と、家族や親しい人とは話しているのに、学校などの場所では、ひとことも話すことができない「場面《ばめん》かんもく（選択性《せんたくせい》かんもく）」があります。場面かんもくの場合、まったく声を発しない人もいれば、小さな声で話す、読むことはできるなど、いくつかのパターンがあります。

小学校など集団生活がスタートしたときにはじまることが多く、無理《むり》に「話させよう」とプレッシャーをかけると、よけいに言葉《ことば》が出なくなります。不安、恐怖心《きょうふしん》をとりのぞくようにかかわりながら、筆談《ひつだん》やメールなどコミュニケーシ

ヨンの方法を考え、リラックスできる場をつくることが大切です。

■摂食障害《せっしょくしょうがい》

食べることがうまくいかなくなる病気です。やせているのに「太ってしまったらどうしよう」とこわくなり、極端《きょくたん》なダイエットをしたりする「拒食症《きょしょくしょう》（神経性《しんけいせい》やせ症）」が、代表的な摂食障害のひとつです。短い時間に食べ物をつめこむようにたくさん食べて、それを吐くというパターンをくりかえす「過食症《かしょくしょう》（神経性過食症）」の人もいます。「やけ食い」とはちがい、自分ではコントロールすることができず、はげしい罪《つみ》の意識にさいなまれるのです。

うつ病や不安症などをともなうことも少なくありません。ちゃんと治療すればなおる病気ですが、重症化してしまうと栄養が足りなくなり、命にかかわることがあります。発達障害の子の場合は、食べ物や体重に対するこだわりや、完璧主義《かんぺきしゅぎ》、行動にブレーキをかけるむずかしさなどが、摂食障害のきっかけになることがあります。

■身体症状症《しんたいしょうじょうしょう》／心身症《しんしんしょう》など

ストレスがきっかけで、さまざまな体の症状があらわれます。検査をしても体の病気が見つからないにもかかわらず、胃《い》・おなかなどが痛くなったり、吐き気がしたり、頭痛などがくりかえし起こります。

大きなストレスにより、体の動きをコントロールする司令《しれい》塔《とう》である自律神経《じりつしんけい》のバランスがくずれることで、内臓《ないぞう》などの働《はたら》きが乱れてしまうのが原因だと考えられています。とくに子どもの場合は、比較的、症状とストレスの関係がわかりやすいため、早くからの治療が効果的《こうかてき》です。ストレスをなくす努力《どりょく》をし、安心できる環境を整え、気持ちが落ちついてくると、つらい症状もおさまっていきます。

■統合失調症《とうごうしっちょうしょう》

本当は起きていないことを、現実《げんじつ》だと思いこんでしまう妄《もう》想《そう》や、見えないものが見える幻覚《げんかく》、だれもいないのに「死ね、死ね！」などの声が聞こえるといった幻聴《げんちょう》などの症状があらわれることで、社会生活がむずかしくなる病気です。本人はうそを言っているつもりも、人をだましているつもりもなく、本気で思いこんでいるのです。

　統合失調症にはいくつかの段階《だんかい》があり、多くの場合、まず、元気がなくなり不眠やイライラなど気持ちが不安定になります。そして、強い不安や恐怖があらわれ、「アイドルとつきあっている」「だれかにねらわれている」などの妄想やおかしな言動《げんどう》が目立つようになります。そのうち急にぼんやりし、意欲《いよく》や注意力が低くなり、眠ってばかりという日が続き、やがて症状がなくなります。再発しやすい病気なので、多少時間はかかりますが、じっくり治療しなければなりません。

　ＡＳＤの人は、ファンタジーに没頭《ぼっとう》しやすく、統合失調症によく似た症状があらわれやすいため、まちがえられることもあります。

■依存《いぞん》

　何かに夢中《むちゅう》になり、それをやめようとすると、不安やイライラがつのり、行動がコントロールできなくなる状態を依存といいます。

　大人の依存の原因としてはアルコール、覚醒剤《かくせいざい》などの薬物《やくぶつ》が知られていますが、最近《さいきん》では子どものゲームやネットなどへの依存が注目《ちゅうもく》されています。ゲームやスマホに夢中になる子どものすべてが依存状態にあるわけではありませんが、ほかのことがおろそかになってしまっている場合は依存の可能性があります。

　とくに、自分をセーブすることが苦手な発達障害の子が依存状態になるケースは少なくありません。その背景《はいけい》には「ほかのことがつまらない」「自信《じしん》をもてることがない」など、学校生活での不満《ふまん》や生きづらさがかくれています。

　「やめなさい！」と禁止するだけでは効果がないので、つらい気持ちのはけ口や発散につながる楽しい機会《きかい》をつくり、気分転換《きぶんてんかん》できるような作戦を立てましょう。

■反抗挑発症《はんこうちょうはつ》／素行症《そこう》

すぐにキレたり、おこったり、極端に反抗的な行動をとる障害です。思春期にあらわれる反抗期は、自分らしさを見つけるために必要な行動ですが、その期間が長く続き、トラブルが多い場合には、反抗挑発症と診断されることがあります。

とくに、ADHDの子が「忘れものや遅刻《ちこく》」「集中できない」などの特性で、大人にしかられ続けていると「だれも自分をわかってくれない」と他人を信じられなくなり、反抗挑発症になってしまうことがあると考えられています。

さらにエスカレートすると、万引き、家出、学校をさぼる、物をこわす、ケンカ、うそ、動物や人に対する残虐《ざんぎゃく》な行動などの非行（反社会的行動）をくりかえします。こうした行動が6か月以上続くときに素行症と診断されます。

非行とこころの病気を関連づけることについては議論《ぎろん》があり、とてもデリケートな問題ですが、背景には大人への不信感や不満がかくれています。予防するためには、家族やまわりの大人がリスクを知って、本人の気持ちが楽《らく》になるように、あたたかくかかわることが大切です。

■パーソナリティ障害

もののとらえ方や考え方や感情が極端にかたより、人との関係や生活がうまくいかなくなってしまいます。誤解《ごかい》されがちですが、「性格が悪いこと」とはちがいます。いくつかのタイプがあり、暴力をふるうなどトラブルばかり起こしてしまうものを反社会性《はんしゃかいせい》パーソナリティ障害といいます。

素行症を放っておくと、反社会性パーソナリティ障害になる危険性が高いといわれています。気持ちが不安定で人にいやがらせをしたり、自傷行為などをくりかえしたりしてしまう境界《きょうかい》性《せい》パーソナリティ障害（ボーダーライン）、完璧主義をつらぬこうとする強迫性《きょうはくせい》パーソナリティ障害などもあります。

3 みんなで楽しくすごすためには、どんなことが大切《たいせつ》なの？

① 「おかしい」「おおげさ」「うそつき」などと否定《ひてい》しない

こころがつかれているときは、小さなことでも気になりくよくよ悩んでしまい、ちょっとしたともだちの様子《ようす》から「きらわれている」「仲間はずれにされた」などと思いこむこともあります。おおげさにみえるかもしれませんが、本人は冷静《れいせい》に考えられないほど苦しんでいるのです。「気にしすぎ」「おかしい」などと否定すると、よけいに傷《きず》つき、孤立《こりつ》してしまいます。こじれてしまったときは早めに大人に相談し、誤解《ごかい》をとくようにしましょう。

② 笑ったり、からかったりしない

困っている人のことを笑ったり、悪口《わるぐち》を言ったりするのは、とても失礼《しつれい》でいけないことです。もしもともだちに「何度《なんど》も手を洗う」「同じことを確認《かくにん》してくる」「おかしなことを言ってくる」など、「ちょっと変だな」と思う症状《しょうじょう》があらわれたときに、笑ったり、からかったりするのは、ぜったいにやめましょう。

③こころの重荷《おもに》をおろせるように、話を聞く

こころが不調になるのは、自分だけでは解決《かいけつ》できないくらい大きなストレスをかかえているからです。ともだちに元気がない様子がみられたら、「何か心配《しんぱい》なことがあるの？」「困っていることはない？」と声をかけあい、本人と相談しながら、どうすればこころが楽《らく》になるのかいっしょに考えましょう。クラスメートやともだちとしてできる一番のサポートは「ともだちでいることをやめないこと」です。

④「がんばれ」ではなく、「無理《むり》しないで」

子どもたちは、いつでも「がんばりたい」と思っています。けれども、こころがとてもつかれているときには、がんばるエネルギーも残っていないかもしれません。こころの不調は、その子が一人でがんばってきた結果なので、「無理しないで」と声をかけましょう。「がんばれ」「だいじょうぶ」などのはげましの言葉《ことば》はプレッシャーになるだけです。

⑤苦手なことや、負担《ふたん》を減らす

苦手なことや課題《かだい》が多すぎると「できなかったらどうしよう」と不安が大きくなります。また「どうせできない」とあきらめ、やる気をなくしてしまうこともあります。何に困っているのか相談しながら、できるだけ負担を減らす工夫《くふう》をしましょう。運動会・発表・野外活動・遠足などの行事《ぎょうじ》が不調のきっかけになる場合もあるので、注意《ちゅうい》します。

⑥学校の中に、避難《ひなん》場所をつくる

こころの病気は、ときどき体の不調としてあらわれることがあります。おなかや頭が痛くなったり、気分《きぶん》が悪くなったりしたときはもちろん、緊張《きんちょう》したときや不安が強くなったとき、つらくなったときのために、あらかじめ保健室やカウンセリングルームなどの避難場所を決めておきましょう。

⑦ときには、休むことやサボることも大切《たいせつ》

こころが「がんばれない」とSOSサインを出しているときに、無理を続けてしまうと、ますます調子が悪くなってしまいます。どんどん元気がなくなっているときには、とにかくいったん緊張状態をリセットして、リラックスさせなければなりません。思いきって学校を休んだり、行事をパスしたり、ストレスから逃げることも大切です。

⑧楽しい時間をたくさんつくる

楽しいこと、夢中《むちゅう》になれることがたくさんあり、気分転換《てんかん》ができれば、自然《しぜん》にストレスや不安は軽くなります。こころにエネルギーをチャージするためには、思いっきり笑ったり、好きなことに夢中になったり、いやなことを忘れられる楽しい時間が大切。気分転換ができる時間をつくりましょう。

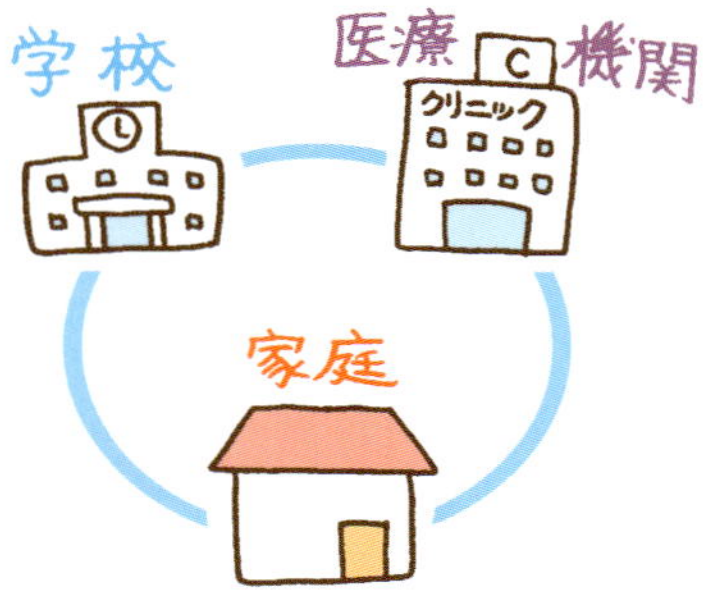

⑨困ったときは、大人の力を借りよう

こころの不調がイライラや暴言・暴力としてあらわれることもあり、ともだち同士のトラブルの原因になってしまうことも考えられます。また、リストカットや極端《きょくたん》なダイエット、何度も手を洗う（強迫《きょうはく》症状）など、不調のサインにクラスメートが気づくことがあるかもしれません。子どもたちだけで解決できない場合は、すぐに信頼《しんらい》できる大人の力を借りてください。症状が重たいとき、気になる症状が長びくときはこころの専門家（スクールカウンセラーや児童精神科医）に相談しましょう。

⑩みんなで助け合い、応援し合えるクラスにしよう！

つらいことがあったとき、不安なとき、自分だけで解決できないことがあるとき、だれかに「助けて！」とたのめるほうがいいですよね。困ったときには、がまんしないで「助けて」と言っていいのです。手助けを受けることは悪いことではなく、だれかの力を借りるほうがいいのだと伝えましょう。そして、勇気をもってのりこえられたときは、「がんばったね」「よかったね」「うまくいったね」と、いっしょによろこぶことができるクラスがすてきです。みんなで協力《きょうりょく》し、助け合い、応援し合い、安心《あんしん》できるクラスにしていきましょう。

先生・保護者のみなさま・大人の読者の方へ

子どもたちはみんな、悩んだり、落ちこんだりしながら、少しずつ「自分らしさ」を発見し、大人にむかって成長していきます。

けれども、発達障害の子の場合、自分の特性とうまくつきあいながら、社会と折り合いをつけ、大人になっていくことは、たやすいことではありません。「自分は人とちがう」「みんなと同じようにできない」など大きな壁にぶつかり、一人では解決できない深い悩みをかかえてしまう場合があります。がんばってもうまくいかず、こころが傷つき、つかれてしまうと「どうせ自分なんて」「がんばっても無理」と考えるようになるかもしれません。こころの病気は、子どもたちからのSOSのサインです。困った行動や気になる症状の背景にある、「生きづらさ」を知っておいてください。

もし、SOSサインを見つけたら、「何か困っていることがある?」「話をしてみない?」などと、声をかけましょう。一緒に考えることで、こころの負担を軽くすることができるかもしれません。

だけど、子どものこころは複雑なので、すぐには話してくれない場合もあるかもしれません。それでも、「気にかけてくれている」「大切にしてもらっている」「いざとなれば相談できる」ということは、大きな支えになるはずです。話してもいい方法が見つからないときや、気になる症状が長く続く場合は、「医療機関」「発達障害者支援センター」などに相談しましょう。きっと、ヒントをくれるはずです。

子どもたちが「自分らしい」大人になっていくためには、勇気をもって壁をのりこえ、荒波の中をサバイバルしていかなければなりません。そのためには、楽しい時間をすごし、エネルギーをたっぷり充電しておく必要があります。サバイバルを応援するサポーターとして、幸せな子ども時代をすごせるよう手伝うことが、大人の重要な役割でもあるのです。

おわりに

完全にバランスがとれた人間なんて、この世の中には、一人もいません。
大人はみんな、自分のバランスの悪さをうまくカバーしながら、なんとか生きています。
だから、大好きな人の死、災害、事故、病気など、悲しいこと・苦しいことがあったとき、
ストレスを支えきれず、こころのバランスがとれなくなってしまうことがあります。

そんなとき、だれかに話を聞いてもらったり、相談したり、ゆっくり休んだり、眠ったり、
おいしいものを食べたり、好きな音楽を聴いたり、ともだちと遊びに行ったり、
じょうずにエネルギーを補充《ほじゅう》できれば、バランスをとりもどすことができるはず。
みんな、そうやって「生きづらい」世の中を、なんとか生きているのではないでしょうか。

けれども、気持ちを切り替えることが苦手だったり、不安になりやすかったり、
自分の気持ちをうまく表現できなかったりする発達障害の子どもたちが、
そのバランスの悪さをカバーしつつ、うまくエネルギーを補充し、
穏やかに、健やかに暮らしていくことは、たやすいことではないようです。
たくさんの勇気や、ひと一倍のエネルギーが必要《ひつよう》なことだけは、まちがいありません。

「障害を理解《りかい》すること」「人の痛みを想像《そうぞう》すること」は簡単《かんたん》ではありませんが、
がんばっているおともだちに協力《きょうりょく》し、応援《おうえん》することは、だれにでもできるはずです。

みんなでエールを送り合い、協力し合えるクラス・学校になりますように。

参考資料など

『わかって私のハンディキャップ①　ＯＣＤ　こだわりからぬけられないの』
上島国利　監修／アミタ・ジャッシー　著／上田勢子　訳（大月書店）

『わかって私のハンディキャップ③　摂食しょうがい　食べるのがこわい』
作田亮一　監修／ブライアン・ラスク　ルーシー・ワトソン　著／上田勢子　訳（大月書店）

『わかって私のハンディキャップ⑤　不安しょうがい　いつも不安で、心配なの』
水澤都加佐　監修／ルーシー・ウィレッツ　ポリー・ウェイト　著／上田勢子　訳（大月書店）

『発達障害とその子「らしさ」　児童精神科医が出会った子どもたち』
田中哲　著（いのちのことば社）

『気もちがラクになる！　小・中学生の「心の病気」事典』
市川宏伸　監修（ＰＨＰ研究所）

『イラストでわかる子どもの認知行動療法　困ったときの解決スキル36』
石川信一　著（合同出版）

『子ども・大人の発達障害診療ハンドブック　年代別にみる症例と発達障害データ集』
内山登紀夫　編（中山書店）

『あの子の発達障害がわかる本①　ちょっとふしぎ　自閉スペクトラム症　ＡＳＤのおともだち』
内山登紀夫　監修（ミネルヴァ書房）

監修者紹介

田中哲（たなか　さとし）

精神科医師。子どもと家族のメンタルクリニックやまねこ院長、山梨県立こころの発達総合支援センター所長。専門は児童思春期精神医学、児童虐待の臨床、発達障害。北海道大学医学部を卒業後、同大学医学部精神科に入局。札幌市立札幌病院静療院児童部、北小田原病院副院長、東京都立梅ヶ丘病院精神科部長・副院長、東京都立小児総合医療センター副院長などを経て、現職。一般社団法人日本児童青年精神医学会理事・倫理委員、社会福祉法人子どもの虐待防止センター理事などを兼務。主な著書に、『発達障害とその子「らしさ」――児童精神科医が出会った子どもたち』『“育つ”こと“育てる”こと――子どものこころに寄り添って』（いずれも、いのちのことば社）、『発達障害のある子を理解して育てる本』（学研プラス／監修）などがある。

デザイン　大野ユウジ（co2design）
イラスト　藤井昌子
DTP　レオプロダクト
編集協力　尾崎ミオ（TIGRE）
企画編集　SIXEEDS

あの子の発達障害がわかる本⑤
知ってほしい
発達障害とこころのふしぎ

2019年10月20日　初版第1刷発行　〈検印省略〉
定価はカバーに表示しています

監修者　田中　哲
発行者　杉田啓三
印刷者　森元勝夫

発行所　株式会社　ミネルヴァ書房
607-8494　京都市山科区日ノ岡堤谷町1
電話　075-581-5191／振替　01020-0-8076

モリモト印刷

ISBN978-4-623-08511-8
Printed in Japan